내일은

윤인도 지음

코딩테스트

with 파이썬

김앤북
KIM&BOOK

내일은,
코딩테스트

초판1쇄 인쇄 2023년 5월 31일
초판1쇄 발행 2023년 6월 8일
지은이 윤인도
기획 김응태, 정다운
디자인 서제호, 서진희, 조아현
판매영업 조재훈, 김승규, 문지영

발행처 ㈜아이비김영
펴낸이 김석철
등록번호 제22-3190호
주소 (06728) 서울 서초구 서운로 32, 우진빌딩 5층
전화 (대표전화) 1661-7022
팩스 02)3456-8073

ISBN 978-89-6512-602-7 13000
정가 27,000원

잘못된 책은 바꿔드립니다.

PREFACE

코딩 테스트는 개발자 취업이나 이직을 준비하는 사람들에게 큰 부담이 되는 시험입니다. 이 시험은 실제 개발 업무에서 다양하고 복잡한 문제들을 잘 해결할 수 있는지 측정하기 위해 만들어졌습니다. 그만큼 준비하는 과정도 길고 어려울 수 있습니다.

이 책은 처음 코딩 테스트를 준비하는 분들을 위해 쓰였습니다. 어떤 것을 먼저 공부해야 하는지, 어떤 문제를 풀어야 하는지조차도 막막할 때가 있습니다. 문제를 풀다가 막히거나, 풀긴 했지만 잘 풀었는지 고민될 때가 있습니다. 이런 분들을 위해 초심자의 마음으로, 최대한 자세하고 친절하게 설명을 적으려고 노력했습니다. 코드는 간결하지만 이해하기 쉽게, 그리고 파이썬의 장점을 살리기 위해 많은 고민을 거쳤습니다.

이 책의 문제들은 코딩 테스트에서 가장 많이 등장하는 자료구조와 이를 응용한 알고리즘을 사용하는 문제들로 엄선했습니다. 이 책을 통해 가장 기본이 되는 것들을 충실히 공부한 다음, 자신이 목표하는 다음 단계로 나아갈 수 있도록 구성했습니다. 처음 코딩 테스트에 입문하는 분들께 이 책이 하나의 이정표가 되기를 바랍니다.

저자 윤인도

GUIDE

혜택 이용 안내

1. 코딩테스트 실습환경(PC)

프로그래머스 사이트(www.programmers.co.kr) 접속

〉상단의 '스쿨' 탭 클릭

〉상단의 '강의' 탭 클릭

〉항목 중 '내일은 코딩테스트' 클릭

〉좌측의 '학습하러 가기' 파란 버튼 클릭

2. 문제풀이 무료강의(PC/모바일)

방법1. 유튜브에서 '김앤북' 검색

방법2. 프로그래머스 사이트(www.programmers.co.kr) 접속

〉상단의 '스쿨' 탭 클릭

〉상단의 '강의' 탭 클릭

〉항목 중 '내일은 코딩테스트' 클릭

〉좌측의 '학습하러 가기' 파란 버튼 클릭

3. 자바, C코드 다운로드(PC)

김앤북(www.kimnbook.co.kr) 사이트 접속

〉상단 카테고리 중 '자료실'의 자료 다운로드 클릭

〉도서명 '내일은 코딩테스트' 클릭

〉첨부파일 '자바 코드' 또는 'C 코드' 다운로드

더 멋진 내일(Tomorrow)을 위한 내일(My Career)
내 일 은 코 딩 테 스 트

학습 계획표

계획을 세우고 공부한다면 의지가 더 불타오를 거예요! 중간에 포기하지 말고 끝까지 완주
하시길 바랍니다. 김앤북이 여러분의 코딩테스트 합격을 응원합니다.

날짜	목차	학습 내용
/		
/		
/		
/		
/		
/		
/		
/		
/		
/		
/		
/		
/		
/		
/		
/		
/		
/		

도서 구성

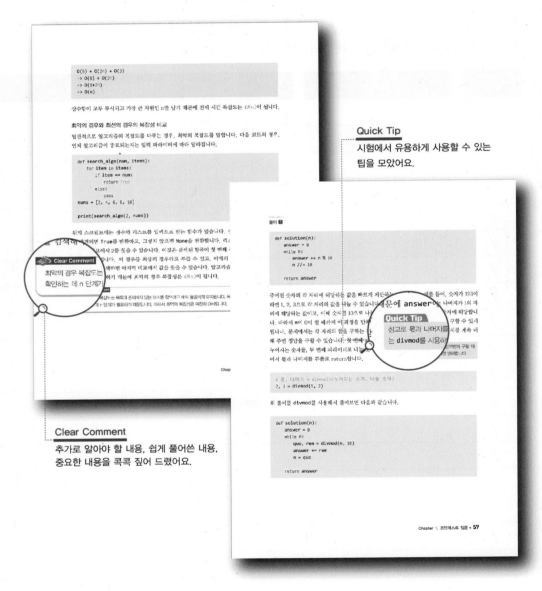

Quick Tip

시험에서 유용하게 사용할 수 있는
팁을 모았어요.

Clear Comment

추가로 알아야 할 내용, 쉽게 풀어쓴 내용,
중요한 내용을 콕콕 짚어 드렸어요.

문제 풀이

문제에 따라 여러 방식으로
풀 수 있음을 제시했어요.

풀이 ❶

```
                          computers):
                          n
        def solution(
            visited      range(n):
            netwo    stack = [node]
                          visited[node] = 1

            while stack:
                curr = stack.pop()

                for next_node in range(n):
                    if (
                        not visited[next_node]
                        and computers[curr][next_node] == 1
                    ):
                        visited[next_node] = 1
                        stack.append(next_node)
```

--- for문 3번이나 중첩되어 있어서 매우 복잡합니다. 먼저 가장 바깥 for
--- 는 노드를 반복합니다. 현재 노드를 방문하지 않았다면, while 루프에
--- 가장 안쪽의 for에서는 next_node가 방문하지 않은 노드이면서 연
--- 있는 노드라면 큐에 추가합니다.

기술면접이란

기술면접은 채용 과 ... 서 코딩테스트 다음에 이루어집니다. 일반적인 면접과 비교해 컴퓨터
공학과 관련된 여러 ... 지식을 묻기 때문에 기술면접이라는 이유가 붙어있습니다. 전문적인 지
                       ... 문에 기술면접이 어렵고 긴장될 수 있지만, 코딩테스트와 마찬가지
         ... 이 정해져 있으므로 이를 중심으로 준비한다면 크게 어렵지 않습니다.

컴퓨터공학 기초과목

기술면접에서 꼭 등장하는 주제 네 가지를 정리했습니다. 각각의 주제마다 자주 등장하는 키워
드들을 같이 정리했는데, 각 키워드에 대해서 자신 있게 설명할 수 있을 정도로 준비하는 것이
좋습니다.

자료구조와 알고리즘

자료구조와 알고리즘은 이미 여러분이 이 책에서 공부한 내용입니다. 기술면접에서는 코딩테스
트에서 풀었던 문제에 대해 설명을 하라고 하거나 더 발전될 수 있는 방향을 묻는 등의 질문이
자주 등장합니다.

시간 복잡성	알고리즘의 시간 복잡성을 분석하는 방법을 이해하고 Big O와 같은 일반적인 시간 복잡성 표기법을 숙지해야 합니다.
데이터 구조	배열, 스택, 큐, 그래프와 같은 다양한 데이터 구조가 문제해결에 어떻게 사용되는지를 이해해야 합니다.
동적 프로그래밍	동적 프로그래밍을 사용하여 더 작은 하위 문제로 나눌 수 있는 문제를 해결하는 방법을 이해해야 합니다.

질문 리스트

● 시간 복잡성의 개념과 알고리즘의 시간 복잡성을 분석하는 방법을 설명할 수 있나요?
● 알고리즘의 시간 복잡성을 표현하기 위해 Big O 표기법을 어떻게 사용하나요?
● 배열, 스택, 큐, 그래프와 같은 다양한 데이터 구조가 문제해결에 어떻게 사용될 수 있는지
  예를 들어 설명할 수 있나요?
● 동적 프로그래밍의 개념과 더 작은 하위 문제로 나눌 수 있는 문제를 해결하는 데 동적 프로
  그래밍을 어떻게 사용할 수 있는지 설명할 수 있나요?

기술면접

코딩테스트와 직결되는 기술면접의 핵심
정보만 정리했어요.

코딩 테스트 소개

1. 코딩테스트란

1) 코딩테스트의 역사

스티브 잡스는 "세상 모든 사람은 컴퓨터 프로그래밍을 배워야 합니다."라고 했습니다. 4차 산업 혁명 이후 프로그래밍 언어를 이해하고 사용하는 것은 더 이상 선택이 아닌 필수가 되었습니다. 실제로 우리나라에서는 초등학교와 중학교 과정부터 코딩을 필수 과목으로 배우기 시작했고, 고등학교에서도 선택 과목으로 지정하였습니다.

코딩테스트는 1990년대 마이크로소프트에서 퍼즐 문제를 면접에서 출제하면서부터 시작되었습니다. 이후 퍼즐 문제는 프로그램을 구현하는 데 필요한 알고리즘과 자료구조, 그리고 문제해결 역량을 평가할 수 있도록 코딩 인터뷰 문제로 발전되었습니다. 코딩 인터뷰는 면접 현장에서 화이트보드에 주어진 문제를 풀고 면접관에게 설명하는 면접 방식입니다. 이러한 코딩 인터뷰를 구글, 페이스북과 같은 유명 IT기업에서 도입하게 되었고, 현재는 화이트보드뿐만 아니라 온라인 플랫폼에서 주어진 문제를 시간 내에 해결하는 코딩테스트로 발전하게 되었습니다. 현재는 코딩테스트가 개발자 채용에서 필수적인 단계가 되었습니다.

국내에서도 네이버, 카카오, 쿠팡과 같은 대기업은 물론이고, 스타트업에서도 면접 이전에 코딩테스트를 통해 지원자의 개발 역량을 평가하는 것이 당연해졌습니다. 프로그래머스에 따르면, 현재 프로그래머스의 코딩테스트를 도입한 기업은 1,483개에 달한다고 합니다.*

2) 코딩테스트의 일반적인 출제 범위

코딩테스트의 가장 큰 목적은 기본적인 프로그램을 구현할 수 있는 역량을 평가하는 것입니다. 실제 현업에서는 구현해야 하는 기능 또는 서비스의 제한조건과 요구사항이 주어지고, 이를 일정 기간 내에 개발해야 합니다. 마찬가지로 코딩테스트에서도 문제와 이를 해결하는 데 필요한 조건과 요구 사항이 주어집니다. 따라서 코딩테스트에서는 주어진 조건과 요구사항을 만족하는 프로그램을 시간 내에 만들 수 있는지를 평가하게 됩니다.

* https://certi.programmers.co.kr/press-releases?id=14

코딩테스트에서 자주 출제되는 내용은 다음과 같이 크게 세 가지로 구분할 수 있습니다.

① 초급 자료구조/알고리즘 활용

● 문자열(String), 배열(Array)과 같은 기초적인 자료구조의 이해도를 평가합니다.

● 그리디(Greedy) 알고리즘, 정렬(Sort) 등을 활용한 프로그램을 개발하는 능력을 평가합니다.

② 중급 자료구조/알고리즘 활용

● 스택(Stack), 큐(Queue), 데크(Deque), 해시맵(Hashmap)과 같은 핵심적인 자료구조에 대한 이해도를 평가합니다.

● 이진 탐색(Binary Search), 깊이 우선 탐색(DFS), 너비 우선 탐색(BFS)과 같은 알고리즘을 적절하게 활용할 수 있는지를 평가합니다.

③ 고급 자료구조/알고리즘 활용

● 그래프(Graph), 트리(Tree), 힙(Heap)과 같은 복잡한 자료구조에 대한 이해도를 평가합니다.

● 고급 알고리즘인 다이내믹 프로그래밍(Dynamic Programming), 백트래킹(Backtracking) 등을 활용한 프로그램 개발 능력을 평가합니다.

3) 이 책의 목표

이 책은 프로그래머스 레벨 0부터 레벨 3까지의 문제를 자유롭게 해결할 수 있도록 하는 것을 목표로 하고 있습니다. 이 책은 다음과 같은 독자를 위해 집필했습니다.

● 파이썬을 배웠지만 실제로 코드를 짜는 것이 부담스럽고 어려우신 분

● 효율적이고 정확한 코드를 짜는 것이 어려우신 분

● 코딩테스트 준비를 어떻게 해야 할지 막막하신 분

● 자료구조와 알고리즘을 공부하고 싶으신 분

2. 코딩테스트를 보는 이유

코딩테스트에서는 빠른 판단력으로 주어진 문제에 알맞은 자료구조와 알고리즘을 선택하여 오류 없이 프로그램을 개발하는 능력을 평가합니다.

1) 알고리즘과 자료구조, 왜 알아야 하는가

프로그래밍에 필요한 데이터의 "크기"가 시간이 지남에 따라 점점 커지고 있습니다.

```
데이터가 "크다"의 정의
1960's : 수천
1980's : 수백만
2020's : 수십조
2100's : 수십조의 수십조...
```

따라서 급격히 증가하고 있는 입력 크기에 맞춰 효율적으로 작동할 수 있는 프로그램을 만드는 것이 중요하고, 여기에 필요한 것이 자료구조와 알고리즘입니다. 또한 임베디드 프로그래밍이나 금융 전산 등의 실시간 처리가 중요한 분야로 취업하기를 원한다면 알고리즘과 자료구조에 대한 깊은 이해는 필수적이라고 할 수 있습니다.

2) 알고리즘이란

프로그래밍에서 논리적, 수학적 지식으로 주어진 문제를 해결할 수 있는 아이디어, 방법론을 의미합니다. 그런데 문제마다 "좋은" 알고리즘과 "나쁜" 알고리즘이 존재합니다. 이를 판단하는 기준은

- 시간복잡도(Time Complexity)

- 공간복잡도(Space Complexity)

두 가지입니다. 두 복잡도가 작을수록 좋은 알고리즘입니다.

3) 자료구조란

현실에 있는 개체(Entity)들을 컴퓨터 상에서 효율적으로 나타내기 위한 방법입니다. 자료구조를 잘 이용하면 어려운 문제를 굉장히 쉽게 해결할 수 있는 경우가 많습니다.

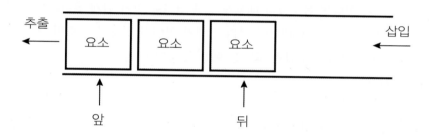

예를 들어, 버스정류소에서 버스를 타기 위해 기다리는 사람들을 나타내는 자료형은 큐(Queue)가 적당합니다.

3. 코딩테스트 준비하는 방법

1) 가장 중요한 것은 '연습'

코딩테스트는 일종의 IQ 테스트와 비슷합니다. 주어진 문제를 얼마나 빠르게 잘 이해해서 효율적인 답변을 써낼 수 있는지를 평가하기 때문입니다. 하지만 IQ테스트와는 다르게 문제 유형이 공개되어 있습니다. 즉, 충분히 연습만 하면 누구나 풀 수 있는 게 바로 코딩테스트입니다. 이 강의에서 다루는 기본 자료구조에 대해 완벽히 이해하고, 몇 가지 유명한 알고리즘만 숙지하고 있어도 충분합니다.

과거에는 특정 알고리즘 유형을 직접적으로 출제하는 문제은행식 코딩테스트가 대부분이었다면, 요즘에는 실제 문제를 해결할 수 있는지를 묻는 "문제해결형" 테스트가 많이 출제되고 있습니다. 그렇기 때문에 기본기가 더욱 중요하게 되었고, 연습을 통해 내가 잘 모르는 부분이 어떤 것인지, 어떤 접근 방식에 취약한지를 잘 파악해야 합니다.

Quick Tip
종이에 미리 적고 코드로 옮겨보세요!

2) 나만의 코드 조각 만들기

자주 사용한 코드가 있다면 블로그나 메모장 등에 코드를 찾기 쉽게 정리해두는 것도 좋습니다. 특히 코딩테스트는 문제 패턴이 거의 정해져 있어서 비슷한 구조의 코드를 짜야 할 때가 많기 때문에 예전에 짜두었던 코드를 빠르게 찾아서 활용할 수 있다면 시간을 많이 절약할 수 있습니다.

3) 문제를 푸는 것이 목표가 아니다

주의해야 하는 점은, 어떻게든 문제를 풀기만 하면 되는 것이 아니라는 점입니다. 코딩테스트를 기업에서 보는 목적은 지원자의 기본 역량을 평가하기 위해서입니다. 서류를 통해 기본적인 스펙을 평가하고, 이 사람이 정말 이 스펙에 맞는 실력이 있는지 "기본적인" 테스트를 위해 코딩테스트를 실시합니다. 여기서 기본적인 역량이란,

● 프로그래밍 언어에 대한 이해
● 자료구조에 대한 이해
● 주어진 문제를 코딩을 통한 해결 능력

을 의미합니다. 따라서 각 언어별 컨벤션(convention)을 잘 지키며, 적합한 자료구조를 선택해 문제를 풀 수 있는지를 보기 위해서 코딩테스트를 보는 것입니다. 예를 들어, 파이썬에서 어떤 값이 리스트에 들어 있는지를 다음과 같이 구현할 수 있습니다.

```
nums = [1, 2, 3]

target = 2
for num in nums:
    if target == num:
        print("yes!")
```

하지만 별로 좋지 않은 방법입니다.

```
nums = [1, 2, 3]

target = 2
if target in nums:
    print("yes!")
```

in을 사용하면 훨씬 간결하면서 더 빠르게 결과를 얻을 수 있습니다.

4) 효율성과 예외 처리

또한 얼마나 효율적으로 풀었는지, 예외 상황에 대한 대비는 잘 되어 있는지도 평가 대상
이 되기 때문에 평소에 이런 부분을 연습하는 것도 중요합니다. 이에 대해서는 뒤에 나올
"효율성"에서 더 자세히 다루겠습니다.

5) 숨겨진 테스트 케이스와 제한조건

코드 작성을 시작하기 전에 문제의 설명과 주어진 제약 조건을 주의 깊게 읽고 이해하는
것이 중요합니다. 엣지 케이스라고 불리는 숨겨진 테스트 케이스를 포함한 다양한 입력 예
제로 코드를 철저히 테스트해서 코드가 모든 경우의 입력에 정상적으로 동작하는지 확인
해야 합니다. 코딩 문제를 풀 때 응시자가 알아야 할 몇 가지 일반적인 엣지 케이스는 다음
과 같습니다.

- 비어 있거나 null인 입력 데이터 처리
- 너무 크거나 작은 입력 데이터 처리하기
- 유효하지 않은 문자 또는 값이 포함된 입력 데이터 처리하기
- 예상 형식이 아닌 입력 데이터 처리하기

이러한 엣지 케이스 외에도, 문제에 제시된 제한 사항도 알고 있어야 합니다. 예를 들어, 대량의 데이터로 작업해야 하는 문제인 경우, 시간 및 공간 복잡성을 고려해서 작성하고 있는 코드가 주어진 시간 및 메모리 제한 내에서 주어진 입력 크기를 처리할 수 있는지 확인해야 합니다.

4. 코딩테스트 준비 사이트 소개

가장 대표적인 사이트 3곳은 다음과 같습니다.

1) 리트코드(Leetcode)

해외에서 코딩테스트로 유명한 사이트 중 한 곳입니다. 일부 유명한 문제의 경우, 공식 풀이와 정답이 공개되어 있습니다. 또 토론(Discussion) 섹션이 있어서, 사람들이 서로 답을 공유하고 각자의 해답에 대해서 토론할 수 있는 공간이 있다는 장점이 있습니다. 다만 사이트와 문제가 모두 영어로 되어 있어서 단순히 코딩테스트에 집중하고자 하는 사람에게는 적합하지 않을 수 있습니다.

2) 백준(Baekjoon Online Judge)

우리나라에서 가장 유명한 사이트입니다. 전체 문제 수가 많다는 장점이 있지만, UI가 오래되었고 피드백을 받기 어려운 구조로 되어 있습니다. 코딩테스트보다는 알고리즘 경진대회에 더 적합하기 때문에 코딩테스트 입문용 혹은 연습용으로는 추천하지 않습니다.

3) 프로그래머스(programmers)

국내 사이트로, UI가 편리합니다. 가장 쉬운 레벨 0부터 어려운 레벨 5까지 다양한 문제 유형을 난이도별로 풀어볼 수 있다는 장점이 있습니다. 최근 카카오 블라인드 테스트를 포함해 국내 IT 기업들이 프로그래머스에서 실제 코딩테스트를 진행하는 경우가 많습니다. 그래서 프로그래머스 사이트에 익숙하다면 좀 더 수월하게 코딩테스트에 응시할 수 있다는 장점이 있습니다. 프로그래머스에도 토론 섹션과 질문 섹션이 있으며, 참가자들의 정답을 볼 수 있습니다.

프로그래머스 사이트 이용 방법

먼저 프로그래머스 회원가입 페이지(https://programmers.co.kr/account/sign_up)로 이동합니다. 회원가입은 이름과 이메일로도 가능하지만 하단의 소셜 계정으로도 가능합니다.

도서의 앞부분에 제시한 "혜택 이용 안내"에 따라 도서에 수록된 문제가 있는 페이지로 이동합니다. 예를 들어, "올바른 괄호" 문제로 들어가면, 화면 왼쪽에는 문제의 설명이 있습니다. 화면 왼쪽의 아래 부분에는 문제를 풀면서 고려해야 할 제한사항과 문제의 입력과 출력의 예제가 주어집니다.

올바른 괄호

문제 설명

괄호가 바르게 짝지어졌다는 것은 '(' 문자로 열렸으면 반드시 짝지어서 ')' 문자로 닫혀야 한다는 뜻입니다. 예를 들어

- "()()" 또는 "(())()" 는 올바른 괄호입니다.
- ")()(" 또는 "(()(" 는 올바르지 않은 괄호입니다.

'(' 또는 ')' 로만 이루어진 문자열 s가 주어졌을 때, 문자열 s가 올바른 괄호이면 true를 return 하고, 올바르지 않은 괄호이면 false를 return 하는 solution 함수를 완성해 주세요.

제한사항

- 문자열 s의 길이 : 100,000 이하의 자연수
- 문자열 s는 '(' 또는 ')' 로만 이루어져 있습니다.

입출력 예

s	answer
"()()"	true
"(())()"	true
")()("	false
"(()("	false

입출력 예 설명

입출력 예 #1,2,3,4
문제의 예시와 같습니다.

화면 우측에 파이썬 코드를 입력할 수 있습니다.

solution.py

```python
1  def solution(s):
2      answer = True
3
4      # [실행] 버튼을 누르면 출력 값을 볼 수 있습니다.
5      print('Hello ddPython')
6
7      return True
```

문제를 푼 다음에는 기본적으로 주어지는 입출력 예를 사용해 작성한 코드를 테스트해볼 수 있습니다. 코드를 모두 입력 후에 오른쪽 하단의 "코드 실행" 버튼을 누르면 테스트 결과를 확인할 수 있습니다.

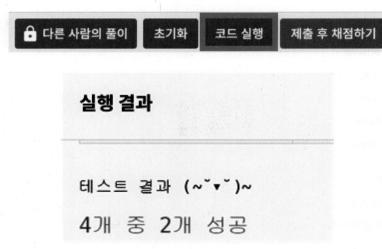

기본 테스트 케이스를 모두 통과했다면, 다음으로는 코드를 제출해 숨겨진 케이스를 포함한 전체 테스트 케이스에 대해 채점 결과를 확인합니다.

만일 모든 경우를 통과했다면 다음과 같은 화면이 나타나지만, 일부 케이스가 틀렸다면 코드를 수정해서 이 화면이 나타날 때까지 시도해야 합니다.

정답입니다! ✕

닫기   다른 사람의 풀이 보기   문제 의견 남기기

화면 좌측 하단의 "테스트 케이스 추가하기" 기능을 사용하면 직접 테스트 케이스를 넣어 "코드 실행"을 해볼 수 있고, 이를 통해 어떤 부분이 잘못되었는지를 점검할 수 있습니다.

테스트 케이스 추가 ⊘   ✕

Parameters		Return
s(string)	+추가	Return
"()"		true
"(())"		true
")("		false
"(()"		false

확인

프로그래머스 소개

프로그래머스는 독보적인 코딩테스트 플랫폼입니다. 객관적이고 공정한 평가를 통해 개발자의 자기 평가 기준을 제시하고 평가 결과가 지속적인 성장의 발판이 되고 있습니다. 프로그래머스 평가 서비스를 통해 동시 응시자수 2만 명이 응시하는 온라인 코딩테스트 및 시험 감독을 운영하는 등 국내 최고의 안정적인 평가 서비스 운영능력을 보유하고 있습니다. 현재 알고리즘 중심의 코딩테스트를 진행하고 있으며 실무 역량 평가를 원하는 기업의 요구에 맞춰 과제 테스트도 제공하고 있습니다.

코딩역량인증시험(PCCP, PCCE) 소개

PCCP와 PCCE는 프로그래머스에서 출시하여 운영하는 코딩 역량을 측정하는 인증시험입니다. 2023년 상반기 기준으로 100개 이상의 기업에서 채용 시 코딩테스트 면제, 우대, 가점 등으로 활용하고 있습니다. PCCP는 개발자 및 프로그래밍 상급자, PCCE는 프로그래밍 중·상급 학습자에게 적합합니다. PCCP, PCCE 시험 모두 1,000점 만점에 400점 이상 획득하면 합격이며, 접수에 따라 인증 등급이 레벨로 부여됩니다.

프로그래머스 노하우를 아낌없이 담았습니다.

수많은 기업과 함께 해 온 경험을 살려 기업에서 필요로 하는 능력을 평가할 수 있는 정확하고 객관적인 코딩 역량 측정 체계를 제공합니다.

kakao	LINE	NAVER	LG U⁺	우아한형제들
kakaocommerce	kakaoenterprise	11D	Delivery Hero	netmarble
당근마켓	WATCHA	SOCAR	vcnc	직방
ESTsoft	KRAFTON	DRAMA&COMPANY	RIDI	wadiz

누적응시자 수	누적테스트 수	기업고객
800,000명+	24,000개+	1,500곳+

프로그래머스 코딩전문역량인증시험 PCCP

시험소개

● 프로그래밍 문법, 알고리즘 이해도, SW에 대한 분석·이해·설계·구현 능력 평가
● 심화 인증서
● 권장대상 : SW 전공자 및 중·상급 학습자

시험구성

● 문항수 : 4문항
● 시간 : 120분
● 시험구성 : 코드 작성
● Python, Java, JavaScript, C++

출제범위

● 기본 프로그램 구현 : 제시된 조건과 요구 사항을 만족하는 프로그램을 개발하는 능력
● 초급 자료구조 및 알고리즘 : 문자열, 배열, 그리디 등
● 중급 자료구조 및 알고리즘 : 스택, 큐, 덱, 해시, 이진 탐색, 깊이 우선탐색, 너비 우선탐색 등
● 고급 자료구조 및 알고리즘 : 그래프, 트리, 힙, 다이내믹 프로그래밍 등
● 정확하고 효율적인 프로그램 작성 : 빠른 판단력으로 주어진 문제에 알맞은 자료구조와 알고리즘을 선택하여 오류 없이 프로그램을 개발하는 능력을 평가

합격기준

● 합격 점수 400점~1000점

PCCP LV.1	PCCP LV.2	PCCP LV.3	PCCP LV.4	PCCP MASTER
400 ~ 499점	500 ~ 599점	600 ~ 749점	750 ~ 899점	900 ~ 1000점

인증서 유효기간

● 유효기간 2년

프로그래머스 코딩필수역량인증시험 PCCE

시험소개
● 프로그래밍 문법과 알고리즘에 대한 기초 능력 평가
● 기본 인증서
● 권장대상 : 비전공자, 초·중급 학습자

시험구성
● 문항수 : 10문항
● 시간 : 50분
● 시험구성 : 빈칸채우기, 디버깅, 코드작성
● Python, Java, C++

출제범위
● 조건문 : If, Else, If Else, 이중 If문, 조건문 속의 반복문, 반복문 속의 조건문
● 반복문 : 단일 반복문, 이중 반복문, 리스트, 순회 흐름 제어
● 변수 : 변수 선언과 정의, 실수 타입, 문자열 타입, 1차원 리스트, 2차원 리스트, 변수의 사용 범위
● 함수 호출, 정의
● 라이브러리의 호출 및 사용 Math, Rand, Time
● 문자열 인덱싱, 슬라이싱, 문자열 포맷팅, 대소문자 변환, 행 변환
● 출력 변수 출력, 문자열 출력, 형식에 맞게 출력
● 자료구조 및 알고리즘 구현, 시뮬레이션 탐색, 정렬, 다중 조건 정렬, 완전 탐색, 그리디

합격기준
● 합격 점수 400점~1000점

PCCE LV.1	PCCE LV.2	PCCE LV.3	PCCE MASTER
400 ~ 599점	600 ~ 749점	750 ~ 899점	900 ~ 1000점

인증서 유효기간
● 유효기간 7년

더 멋진 내일(Tomorrow)을 위한 내일(My Career)

내 일 은 코 딩 테 스 트

01

코딩테스트 입문

01 알고리즘 분석 방법

빅 오(Big O)란

어떤 알고리즘을 선택해야 할까

1부터 1000까지 숫자 중에서 주어진 숫자 500이 포함되어 있는지를 검사하는 코드를 작성한다고 생각해 보겠습니다. 처음에는 1부터 1000까지의 리스트를 만들고, 500이 포함되어 있는지 검사하는 데 필요한 시간을 측정했습니다. `start` 변수는 현재 시간을 저장하고, 나중에 `time.time()`과의 차이를 구하면 `print(500 in nums)`를 실행하는 데 총 몇 초가 걸렸는지를 알 수 있습니다.

```python
import time

N = 1000

nums = list(range(N))

start = time.time()
print(500 in nums)
print(f"Elapsed: {time.time() - start : .5f}sec")
```

실행 결과

```
Elapsed:  0.00043sec
```

동일하게 1부터 1000까지 중에서 500을 찾는 문제를 딕셔너리로 구현하면 다음과 같습니다.

```
N = 1000

nums = {i: i for i in range(N)}

start = time.time()
print(500 in nums)
print(f"Elapsed: {time.time() - start : .5f}sec")
```

```
Elapsed:  0.00008sec
```

리스트는 0.00043초가 걸렸는데 딕셔너리는 0.00008초가 걸렸습니다. 같은 작업을 딕셔너리로 구현했을 때가 리스트로 구현했을 때보다 약 5배 정도 빠릅니다. 두 코드 모두 같은 결과가 나오지만, 실제 코드가 실행되는 데 필요한 시간이 다릅니다. 따라서 주어진 프로그래밍 문제를 푸는 데 더 좋은 방법이 있다는 것을 알 수 있습니다. 하지만 이와 같이 실제 컴퓨터에서 코드가 실행되는 시간을 측정하는 것은 사람마다, 컴퓨터마다 소요되는 시간이 다를 수 있기 때문에 하나의 지표로 보기에는 부적절합니다. 따라서 어떤 알고리즘의 효율성을 수학적으로 계산하는 방법인 빅 오 표기법이 널리 사용됩니다.

빅 오 표기법(Big O notation)

빅 오 표기법은 어떤 알고리즘의 복잡도를 수학적 표현으로 나타내는 방법입니다. 알고리즘의 입력 데이터의 크기를 기준으로 해당 알고리즘이 실행되는 데 몇 단계가 수행되어야 하는지를 계산합니다. 입력 데이터의 크기를 "n"이라고 했을 때, 대표적인 알고리즘의 복잡도를 다음과 같이 표현합니다.

이름	빅 오
상수	O(1)
선형	O(n)
로그	O(log(n))
선형-로그	O(nlog(n))
이차식	$O(n^2)$
지수식	$O(2^n)$
팩토리얼	O(n!)

위의 표를 그림으로 나타내면 다음 그림과 같습니다.

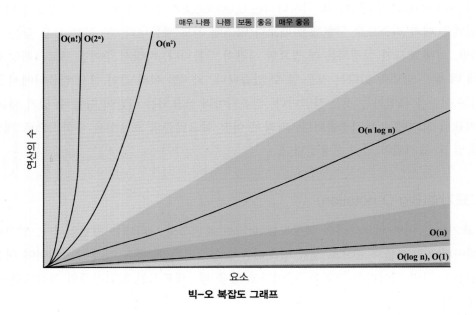

빅-오 복잡도 그래프

그래프의 X축은 입력 데이터의 크기, Y축은 알고리즘의 복잡도에 따른 연산의 수를 나타냅니다. 위 그래프는 입력 데이터가 커질수록 각 복잡도별로 수행해야 하는 연산의 수가 얼마나 증가하는지를 보여줍니다. 여기서 상수 $O(1)$는 어떤 크기의 입력이 주어지더라도 단 한 번의 연산만으로 반드시 답을 구할 수 있기 때문에 가장 좋은 알고리즘이 됩니다. 로그 $O(\log n)$는 입력 크기가 매우 커지더라도 필요한 연산이 거의 증가하지 않습니다. 따라서 로그 복잡도를 가지는 알고리즘 또한 매우 좋은 알고리즘입니다. 그 다음은 $O(n)$과 $O(nlogn)$인데, 상수와 로그에 비해서는 연산량이 크게 증가하지만 현실적으로는 이런 복잡도를 갖는 알고리즘도 충분히 좋은 알고리즘이라고 할 수 있습니다.

$O(n^2)$과 $O(n^2)$, $O(n!)$ 등은 데이터가 조금만 커져도 연산량이 급격하게 증가하므로 좋지 않은 알고리즘입니다. 코딩테스트에서 문제의 의도를 파악하지 못하고 단순하게 코드를 작성하면 $O(n^2)$ 복잡도가 나오는 경우가 가끔 발생합니다. 따라서 코딩테스트 문제를 풀 때는 되도록 $O(n)$에 가까운 복잡도를 갖도록 코드를 짜는 것이 중요합니다.

일반 규칙

빅 오 노테이션은 상수값을 무시합니다.

$$O(5n) = O(n)$$

$$O(n+5) = O(n)$$

위 그림에서처럼 빅 오 노테이션끼리는 차원(dimension)을 기준으로 대소를 비교합니다.

$$O(1) < O(\log n) < O(n) < O(n \log n) < O(n^2) < O(2^n) < O(n!) < \cdots$$

또한 상수값이 무시되는 것처럼, 만일 작은 차원이 있다면 역시 무시됩니다.

$$O(n^2 + n) = O(n^2)$$

빅 오 노테이션을 사용해 알고리즘의 성능을 표시할 때에는 얼마나 알고리즘이 빠르게 실행되는지를 나타내는 "시간 복잡도"와 얼마나 알고리즘이 컴퓨터 메모리를 조금 사용하는지를 나타내는 "공간 복잡도"의 두 가지를 함께 표시합니다.

효율성

프로그램을 만들 때 중요한 것은 이 프로그램이 얼마나 효율적으로 작동하는가입니다. 같은 문제를 해결하는 여러 프로그램이 있더라도, 각각의 효율성은 다를 수 있기 때문입니다. 이러한 효율성을 계산할 때, 주어진 입력 크기 N에 대해 알고리즘의 수행 성능을

● 최악의 경우(Worst case)

● 평균의 경우(Average case)

● 최상의 경우(Best case)

세 가지로 구분해서 평가합니다. 하지만 일반적으로 코딩테스트에서 말하는 효율성은 최악의 경우를 의미합니다. 이제 알고리즘의 효율성을 계산할 수 있는 두 가지 척도인 시간 복잡도와 공간 복잡도에 대해서 다루겠습니다.

시간 복잡도(Time complexity)

시간 복잡도란, 특정 알고리즘이 수행되는 데 필요한 시간을 나타내는 방법입니다. 이때 주의해야 할 점은 실제 프로그램의 실행 시간(Run time)을 측정하는 것이 아니라, 수학적으로 해당 프로그램이 수행하는 작업이 몇 단계에 걸쳐, 어떤 반복 작업을 통해 실행되는지를 계산한다는 점입니다. 결과적으로 같은 작업을 실행하는 데 적은 단계에 걸쳐 적은 반복 작업을 수행하는 알고리즘이 더 좋은 알고리즘이 됩니다. 시간 복잡도를 좀 더 쉽게 이해하기 위해서 위에서 배운 빅오 표기법의 복잡도별로 예시를 살펴보겠습니다.

상수 복잡도 - O(1)

알고리즘의 입력 데이터의 크기와 상관없이 항상 같은 단계의 계산이 수행되는 경우, 알고리즘은 상수 복잡도를 가지게 됩니다. 이때 항상 같은 연산량임을 나타내기 위해서 빅 오 노테이션에 숫자 1을 넣어서 $O(1)$으로 나타냅니다.

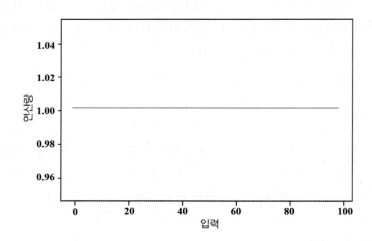

리스트의 첫 번째 항목의 제곱을 구한 다음 화면에 출력하는 간단한 알고리즘을 작성해 보겠습니다.

```python
def constant_algo(items):
    result = items[0] * items[0]
    print(result)

constant_algo([4, 5, 6, 8])
```

입력 리스트 items의 크기와 상관없이 알고리즘은 2단계만 수행합니다.

● 1단계 : 첫 번째 요소의 제곱 찾기

● 2단계 : 결과를 화면에 인쇄

따라서 입력 리스트의 크기가 변하더라도 시간 복잡도는 항상 동일합니다.

선형 복잡도 – O(n)

알고리즘을 실행하는 데 필요한 연산이 입력의 크기에 따라 선형적으로 증가하거나 감소하는 경우, 알고리즘의 복잡도는 선형 복잡도입니다. 선형 복잡도는 $O(n)$으로 표시합니다. 선형 복잡도 알고리즘의 예시는 다음과 같습니다.

```python
def linear_algo(items):
    for item in items:
        print(item)

linear_algo([4, 5, 6, 8])
```

입력으로 길이가 4인 리스트를 넣어서 함수를 실행하면, 원소가 총 4번 출력됩니다. 즉, for 루프의 반복 횟수가 입력 항목 배열의 크기와 같기 때문에, linear_algo 함수는 선형 복잡도를 갖습니다.

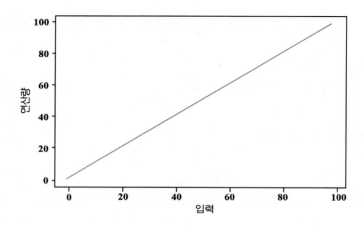

중요한 점은 입력이 커지는 경우입니다. 이때 선형 복잡도를 갖는 알고리즘은 상수 번만큼 반복되더라도 전체 알고리즘은 여전히 선형 복잡도를 갖습니다. 예를 들어, 다음과 같은 경우를 생각해 보겠습니다.

```python
def linear_algo(items):
    for item in items:
        print(item)

    for item in items:
        print(item)

linear_algo([4, 5, 6, 8])
```

위에서 **for** 루프를 반복하는 데 $O(n)$의 복잡도를 갖는다고 했습니다. 여기서 **for** 루프가 두 번 나타나기 때문에 전체 복잡도는 $O(2n)$이지만, 빅 오 노테이션에서는 상수항을 무시하기 때문에 전체 알고리즘의 복잡도는 여전히 $O(n)$으로 나타낼 수 있습니다.

> **Clear Comment**
>
> O(2n)과 O(n)은 모두 선형이며, 중요한 것은 선형 관계이지 구체적인 값이 아닙니다. 왜냐하면 복잡도를 생각할 때는 n 의 크기가 매우 크다고 가정하기 때문입니다.

이차식 복잡도 – O(n²)

알고리즘을 실행하는 데 필요한 연산이 입력 크기의 이차 함수가 되는 경우를 이차식 복잡도라고 부릅니다. 이때 알고리즘의 복잡도는 $O(n^2)$로 표시됩니다. 다음은 **for** 루프 안에 다시 **for** 루프를 넣어 이차식 복잡도를 갖는 알고리즘입니다.

```
def quadratic_algo(items):
    for item in items:
        for item2 in items:
            print(item,    ,item2)

quadratic_algo([4, 5, 6, 8])
```

입력 리스트의 모든 원소를 반복하는 외부 루프와 입력 리스트의 모든 항목을 다시 반복하는 내부 루프가 있습니다. 입력 리스트의 크기를 n이라고 했을 때, 이 중첩 루프에서 총 n * n번의 연산이 필요합니다.

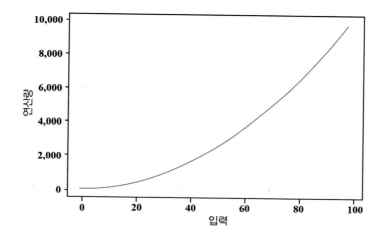

로그 복잡도 — O(logn)

이진 검색은 대표적인 로그 복잡도 알고리즘입니다. 이진 검색은 배열의 중간 지점의 원소를 검사하고, 원하는 값이 없는 절반을 제외한 나머지에 대해서 다시 원하는 값을 찾습니다. 원하는 값이 나올 때까지 동일한 단계를 계속합니다. 여기서 중요한 점은 각 단계에서 배열의 길이가 매번 절반으로 줄어든다는 것입니다. 로그 복잡도를 갖는 알고리즘은 매우 큰 입력이 들어오더라도 좋은 성능을 얻는 좋은 알고리즘입니다.

> **Clear Comment**
> 이를 위해서는 배열이 정렬되어 있다는 가정이 필요합니다.

알고리즘의 시간 복잡도 찾기

이전 예제들은 입력에 대해서 알고리즘의 복잡도를 쉽게 계산할 수 있었습니다. 하지만 알고리즘 내부에서 다른 함수를 여러 개 호출하는 경우, 시간 복잡도를 어떻게 계산할 수 있을까요? 다음과 같은 경우를 생각해 보겠습니다.

```python
def complex_algo(items):

    for i in range(5):
        print("Python is awesome")

    for item in items:
        print(item)

    for item in items:
        print(item)

    print("Big O")
    print("Big O")
    print("Big O")

complex_algo([4, 5, 6, 8])
```

위 코드에서 일어나는 일을 나누어서 생각해 보겠습니다.

● 문자열을 5번 출력합니다. → $O(5)$

● 입력 리스트의 전체 원소를 두 번 출력합니다. → $O(2n)$

● 문자열을 세 번 출력합니다. → $O(3)$

이러한 알고리즘의 복잡도를 찾으려면 알고리즘 코드를 여러 부분으로 나누고 각 부분의 복잡도를 찾아야 합니다. 각 부분의 복잡도를 표시합니다. 앞에서 입력 크기 n의 리스트를 두 번 반복하는 예제에서 살펴봤듯이, 각 부분의 복잡도를 더하면 전체 복잡도를 쉽게 계산할 수 있습니다.

```
O(5) + O(2n) + O(3)
-> O(8) + O(2n)
-> O(8+2n)
-> O(n)
```

상수항이 모두 무시되고 가장 큰 차원인 n만 남기 때문에 전체 시간 복잡도는 $O(n)$이 됩니다.

최악의 경우와 최선의 경우의 복잡성 비교

일반적으로 알고리즘의 복잡도를 다루는 경우, 최악의 복잡도를 말합니다. 다음 코드의 경우, 언제 알고리즘이 종료되는지는 입력 파라미터에 따라 달라집니다.

```python
def search_algo(num, items):
    for item in items:
        if item == num:
            return True
        else:
            pass
nums = [2, 4, 6, 8, 10]

print(search_algo(2, nums))
```

위의 스크립트에는 정수와 리스트를 입력으로 받는 함수가 있습니다. 전달된 정수가 리스트에서 발견되면 **True**를 반환하고, 그렇지 않으면 **None**을 반환합니다. 리스트에서 2를 검색하면, 첫 번째 비교에서 2를 찾을 수 있습니다. 이것은 검색된 항목이 첫 번째 검색된 인덱스에서 발견되었기 때문입니다. 이 경우를 최상의 경우라고 부를 수 있고, 이때의 복잡도는 $O(1)$입니다. 하지만 10을 검색하면 마지막 비교에서 값을 찾을 수 있습니다. 알고리즘은 목록에 있는 모든 항목을 검색해야 하기 때문에 최악의 경우 복잡성은 $O(n)$이 됩니다.

> **Clear Comment**
>
> 최악의 경우 복잡도는 목록에 존재하지 않는 요소를 찾으려고 해도 동일하게 유지됩니다. 목록에 그러한 요소가 없는지 확인하는 데 n 단계가 필요하기 때문입니다. 따라서 최악의 복잡성은 여전히 $O(n)$입니다.

파이썬 자료형의 시간 복잡도

파이썬에서 많이 사용되는 자료형들인 리스트, 딕셔너리, 셋의 각 연산별 시간 복잡도를 정리해 보겠습니다.[*]

리스트

리스트는 가장 많이 사용되는 자료형입니다. 파이썬의 내부적으로 리스트는 배열로 구현되어 있습니다. 몇몇 연산의 경우는 매우 느리기 때문에 코딩테스트에서 사용 시에는 주의해야 합니다.

- 리스트를 복사하는 경우 : 전체 원소를 복사해 새로운 리스트에 입력해야 하기 때문에 $O(n)$ 의 시간 복잡도가 소요됩니다.

- 리스트의 시작 부분에 새로운 원소를 추가하는 경우 : 모든 원소를 복사해 한 칸 뒤로 이동시켜야 하기 때문에 $O(n)$ 복잡도가 소요됩니다.

- 리스트의 첫 원소를 삭제하는 경우 : 위와 마찬가지로 모든 원소를 한 칸 앞으로 이동시켜야 하기 때문에 $O(n)$ 복잡도입니다.

리스트 연산의 전체 복잡도는 다음과 같습니다.

연산	평균 시간 복잡도	최악 시간 복잡도
복사	O(n)	O(n)
append	O(1)	O(1)
pop(-1)	O(1)	O(1)
pop(n) (중간 원소 복사)	O(n)	O(n)
첫번째 원소 삽입	O(n)	O(n)
원소 삭제	O(n)	O(n)
extend	O(k)	O(k)
정렬	O(n log n)	O(n log n)
곱셈	O(nk)	O(nk)
x in s	O(n)	
min(s), max(s)	O(n)	
len(s)	O(1)	O(1)

---

[*] TimeComplexity – Python Wiki

딕셔너리

딕셔너리의 특징은 어떤 원소가 키(key)에 포함되어 있는지를 검사할 때 거의 대부분의 경우, 이 연산이 $O(1)$ 복잡도를 갖는다는 점입니다. 최악의 경우는 발생하는 경우가 정말 희박하기 때문에 코딩테스트에서 어떤 값이 자료형에 포함되었는지를 검사하는 경우는 딕셔너리를 사용하는 것이 리스트보다 훨씬 유리합니다. 딕셔너리 전체 연산의 시간 복잡도는 다음과 같습니다.

연산	평균 시간 복잡도	최악 시간 복잡도
k in d	O(1)	O(n)
복사	O(n)	O(n)
값 꺼내기	O(1)	O(n)
값 업데이트	O(1)	O(n)
값 삭제	O(1)	O(n)

셋

셋은 리스트와 유사한 자료형이지만, 원소가 중복되지 않는다는 점이 다릅니다. 셋은 해시 테이블을 사용하여 구현되어 있기 때문에, 키가 몇 개인지와 상관없이 삽입, 삭제, 검색 연산이 모두 $O(1)$ 복잡도를 갖습니다. 이외에도 셋은 집합의 합집합, 교집합, 차집합 등의 연산이 가능한데, 이 경우는 각 집합의 원소 개수에 따라 복잡도가 결정됩니다. 셋의 전체 연산의 시간 복잡도는 다음과 같습니다.

연산	평균 시간 복잡도	최악 시간 복잡도
x in s	O(1)	O(n)
합집합 s	t	O(len(s) * len(t))
교집합 s&t	O(min(len(s), len(t)))	O(len(s) * len(t))
차집합 s-t	O(len(s))	
s.difference_update(t)	O(len(t))	

연습문제

문제 1. 다음 함수의 시간복잡도는?

```python
def func(x):
    return x + 1
```

풀이   입력 데이터를 한 번만 사용하므로 O(1)입니다.

문제 2. 다음 함수의 시간복잡도는?

```python
def func(x):
    x = x * 10
    return x + 1
```

풀이   입력 데이터를 두 번 사용하므로 2 * O(1)이지만 상수값이 무시되어 O(1)입니다.

문제 3. 다음 코드의 시간복잡도는?

```python
def func(nums: list):
    for num in nums:
        print(num)
```

풀이   입력 데이터를 n번 사용하므로 O(n)입니다.

문제 4. 다음 함수의 시간복잡도는?

```python
def func(nums: list):
    for num1 in nums:
        for num2 in nums:
            if num1 != num2:
                print(num1, num2)
```

풀이   전체 데이터를 n번 반복하면서 그 안에서 다시 n번 반복하므로 n제곱번을 반복하는데, if문에 해당하지 않는 경우가 n번이라 $O(n^2 - n)$입니다. 하지만 가장 높은 차원만 표기하기 때문에 $O(n^2)$이 됩니다.

공간 복잡도(Space complexity)

알고리즘 실행을 완료하는 데 필요한 단계 수를 계산하는 시간 복잡성 외에도, 프로그램 실행 중에 메모리에 할당해야 하는 공간의 크기를 나타내는 공간 복잡성 또한 알고리즘의 효율성을 계산하는 중요한 요소입니다.

```python
def return_squares(n):
    square_list = []
    for num in n:
        square_list.append(num * num)

    return square_list

nums = [2, 4, 6, 8, 10]
print(return_squares(nums))
```

return_squares 함수는 정수 리스트를 입력받아 각 원소를 제곱한 리스트를 리턴합니다. 이 알고리즘은 입력 리스트와 동일한 크기의 리스트를 만들기 때문에 크기 n만큼의 메모리를 할당해야 합니다. 따라서 알고리즘의 공간 복잡도는 $O(n)$이 됩니다.

02 문자열 다루기

문자열 조작 함수 정리

문자열 자료형은 자체적으로 함수를 가지고 있습니다. 이들 함수를 다른 말로 문자열 내장 함수라고 합니다. 이 내장 함수를 사용하려면, 문자열 변수 이름 뒤에 .를 붙인 다음에 해당하는 함수 이름을 써주면 됩니다. 이제 문자열의 내장 함수에 대해서 알아보겠습니다.

문자 개수 세기(count)

```python
a = "hobby"
a.count('b') # 2
```

문자열 중 문자 b의 개수를 돌려줍니다.

위치 알려주기1(find)

```python
a = "Python is the best choice"
a.find('b') # 14
a.find('k') # -1
```

문자열 중 문자 b가 처음으로 나온 위치를 반환합니다. 만약 찾는 문자나 문자열이 존재하지 않는다면 -1을 반환합니다.

위치 알려주기2(index)

```
a = "Life is too short"
a.index('t') # 8
a.index('k')
"""
Traceback (most recent call last):
File "<stdin>", line 1, in <module>
ValueError: substring not found
"""
```

문자열 중 문자 **t**가 가장 처음으로 나온 위치를 반환합니다. 만약 찾는 문자나 문자열이 존재하지 않는다면 **ValueError** 오류를 발생시킵니다. 앞의 **find** 함수와 다른 점은, 문자열 안에 존재하지 않는 문자를 찾으면 오류가 발생한다는 점입니다.

문자열 삽입(join)

주어진 리스트, 튜플, 문자열의 원소를 입력으로 받아서 각 원소 사이에 주어진 문자열을 삽입하는 함수입니다. 아래 예제에서는 **'abcd'** 문자열의 각 문자 사이에 문자열 ,를 삽입합니다.

```
",".join('abcd')
```

실행 결과
```
a,b,c,d
```

join 함수의 입력으로 리스트를 사용하는 예는 다음과 같습니다.

```
",".join(['a', 'b', 'c', 'd'])
```

실행 결과
```
a,b,c,d
```

소문자를 대문자로 바꾸기(upper)

```
a = "hi"
a.upper() # 'HI'
```

upper 함수는 소문자를 대문자로 바꾸어 줍니다. 만약 어떤 문자가 이미 대문자라면 아무 변화도 일어나지 않습니다.

대문자를 소문자로 바꾸기(lower)

```
a = "HI"
a.lower() # 'hi'
```

lower 함수는 대문자를 소문자로 변환합니다.

왼쪽 공백 지우기(lstrip)

```
a = " hi "
a.lstrip() # 'hi '
```

문자열 중 가장 왼쪽에 있는 한 칸 이상의 연속된 공백들을 모두 제거합니다. lstrip에서 l은
왼쪽(left)을 의미합니다.

오른쪽 공백 지우기(rstrip)

```
a = " hi "
a.rstrip() # ' hi'
```

문자열 중 가장 오른쪽에 있는 한 칸 이상의 연속된 공백을 모두 제거합니다. rstrip에서 r은
오른쪽(right)을 의미합니다.

양쪽 공백 지우기(strip)

```
a = " hi "
a.strip() # 'hi'
```

문자열 양쪽에 있는 한 칸 이상의 연속된 공백을 모두 제거합니다.

문자열 바꾸기(replace)

```
a = "Life is too short"
a.replace("Life", "Your leg") # 'Your leg is too short'
```

replace(바뀌게 될 문자열, 바꿀 문자열)처럼 사용합니다. 문자열 안의 특정한 값을 다른 값
으로 치환해 줍니다. 추가적으로 세 번째 파라미터로 몇 번 지울지를 지정 가능합니다.

```
string = "Butter"
print(string.replace("t", "m"))
print(string.replace("t", "m", 1))
```

실행 결과
```
Bummer
Bumter
```

문자열 나누기(split)

split 함수는 **a.split()**처럼 괄호 안에 아무 값도 넣어 주지 않으면 공백 문자(스페이스, 탭, 엔터 등)를 기준으로 문자열을 나누어 리스트로 만들어 줍니다.

```
a = "Life is too short"
a.split()
```

실행 결과
```
['Life', 'is', 'too', 'short']
```

만약 **b.split(':')**처럼 괄호 안에 특정 값이 있을 경우에는 괄호 안의 값을 구분자로 해서 문자열을 나누게 됩니다.

```
b = "a:b:c:d"
b.split(':')
```

실행 결과
```
['a', 'b', 'c', 'd']
```

문자가 숫자인지 검사

isdigit은 특정 문자열이 숫자로만 구성되어 있는지를 검사합니다. 만일 숫자로만 구성되어 있다면 **True**를, 아니라면 **False**를 리턴합니다.

```
s = "2023"
print(s.isdigit()) # True
```

코딩테스트에서는 주로 문자열의 문자 한 개가 숫자인지를 검사하는 데 자주 사용합니다.

```
s = "4 July"
for char in s:
    print(char.isdigit(), end=" ")
# True False False False False False
```

참고로 파이썬에서 어떤 문자열이 숫자인지를 검사하는 방법은 앞에서 배운 isdigit을 포함해서 총 3가지가 존재합니다. 실제로 코딩테스트에서는 isdigit만 알아도 문제없습니다.

● isdigit : 문자열의 모양이 숫자처럼 생겼다면 숫자로 변환

● isnumeric : isdigit + 로마숫자 변환

● isdecimal : 정수 형태의 10진수 변환

	예시	isdecimal()	isdigit()	isnumeric()
10진수	'0123'	True	True	True
분수와 지수	'⅜', '3²'	False	True	True
로마숫자	'Ⅾ'	False	False	True

문자가 알파벳/한글 또는 숫자인지 검사(isalnum)

isalnum은 어떤 문자가 알파벳 또는 숫자인지를 검사하는 메소드로, alphanumeric이라는 단어를 줄여서 만든 이름입니다. 하지만 실제로는 문자가 한글이어도 **True**가 반환됩니다.

```
s = "안녕, Python3"
for char in s:
    print(char.isalnum(), end=" ")
# True True False False True True True True True True True
```

문자열을 아스키 코드값으로(ord), 아스키 코드값을 문자열로(chr)

파이썬의 ord() 및 chr() 함수는 문자와 해당 유니코드 코드 포인트 간에 변환하는 데 사용합니다. 하지만 실제로 코딩테스트에서 대부분은 숫자나 알파벳으로 이루어진 문자열이 주어집니다. 이모티콘(😊)이나 한글 같은 유니코드 문자는 잘 주어지지 않기 때문에, 여기서는 주어진 문자열을 아스키 코드값으로 그리고 아스키 코드값을 문자열로 바꾸는 함수라고 기억해도 무방합니다.

ord() 함수는 문자 하나를 입력받아 해당 문자의 아스키 코드값을 나타내는 정수를 리턴합니다. 예를 들어, ord('A')는 대문자 'A'의 아스키 코드값인 65를 리턴합니다.

```python
char = 'A'
code_point = ord(char)
print(code_point) # 출력: 65
```

반면에 chr() 함수는 아스키 코드값을 입력받아 코드에 해당하는 문자를 반환합니다. 예를 들어, chr(65)는 문자 'A'를 반환합니다.

```python
new_char = chr(code_point)
print(new_char) # 출력: A
```

문제 1 옹알이(1)(문자열 메소드 사용) 레벨 0

문제 설명

머쓱이는 태어난 지 6개월 된 조카를 돌보고 있습니다. 조카는 아직 "aya", "ye", "woo", "ma" 네 가지 발음을 최대 한 번씩 사용해 조합한(이어 붙인) 발음밖에 하지 못합니다. 문자열 배열 babbling이 매개변수로 주어질 때, 머쓱이의 조카가 발음할 수 있는 단어의 개수를 return하도록 solution 함수를 완성해 주세요.

제한 사항

- 1 ≤ babbling의 길이 ≤ 100
- 1 ≤ babbling[i]의 길이 ≤ 15
- babbling의 각 문자열에서 "aya", "ye", "woo", "ma"는 각각 최대 한 번씩만 등장합니다.
  - 즉, 각 문자열의 가능한 모든 부분 문자열 중에서 "aya", "ye", "woo", "ma"가 한 번씩만 등장합니다.
- 문자열은 알파벳 소문자로만 이루어져 있습니다.

입출력의 예

babbling	result
["aya", "yee", "u", "maa", "wyeoo"]	1
["ayaye", "uuuma", "ye", "yemawoo", "ayaa"]	3

입출력 예 설명

▮ 입출력 예 #1 ▮

["aya", "yee", "u", "maa", "wyeoo"]에서 발음할 수 있는 것은 "aya"뿐입니다. 따라서 1을 return합니다.

▮ 입출력 예 #2 ▮

["ayaye", "uuuma", "ye", "yemawoo", "ayaa"]에서 발음할 수 있는 것은 "aya" + "ye" = "ayaye", "ye", "ye" + "ma" + "woo" = "yemawoo"로 3개입니다. 따라서 3을 return합니다.

유의사항

네 가지를 붙여 만들 수 있는 발음 이외에는 어떤 발음도 할 수 없는 것으로 규정합니다. 예를 들어 "woowo"는 "woo"는 발음할 수 있지만 "wo"를 발음할 수 없기 때문에 할 수 없는 발음입니다.

간단하게 생각하면, 주어진 단어에서 조카가 할 수 있는 발음을 순서대로 모두 제거한 다음, 더 이상 제거할 문자열이 없다면 조카가 발음할 수 있는 단어입니다. 일단 동생이 할 수 있는 말을 리스트로 만들어줍니다.

```
words = ["aya", "ye", "woo", "ma"]
```

그 다음, 주어진 단어 중 하나에서 리스트 words의 원소를 하나씩 제거합니다. 예를 들어, babbling = ["aya", "yee", "u", "maa", "wyeoo"]라고 할 때, 첫 번째 단어인 "aya"에서 words의 첫 번째 단어인 "aya"를 제거합니다. 이렇게 해서 결과 문자열이 비어 있는 문자열 ""이라면 발음할 수 있는 단어입니다. 이 로직대로 코드를 작성해보면 다음과 같습니다.

```python
def solution(babbling):
    count = 0
    words = ["aya", "ye", "woo", "ma"]
    for babb in babbling:
        for word in words:
            babb = babb.replace(word, "")
        if not babb:
            count += 1
    return count
```

하지만 이 방법에는 한 가지 문제가 있습니다. 바로 발음이 단어에서 제거되면서, 앞뒤에 있던 문자열이 붙어버리는 것입니다. 즉, "wyeoo"에서 "ye"가 삭제되면 "woo"가 되어서 한 번 더 "woo"를 제거할 수 있게 됩니다. 따라서 문자열을 지울 때, 비어 있는 문자열 대신 " "와 같이 공백으로 교체해줍니다. 그리고 지워진 문자열에서 공백을 전부 제거하기 위해 strip() 메소드를 사용합니다.

```python
def solution(babbling):
    count = 0
    words = ["aya", "ye", "woo", "ma"]
    for babb in babbling:
        for word in words:
            babb = babb.replace(word, ' ')
        if not babb.strip():
            count += 1
    return count
```

문제 ❷   문자열 계산하기(문자열 메소드 사용) 레벨 0

문제 설명

my_string은 "3 + 5"처럼 문자열로 된 수식입니다. 문자열 my_string이 매개변수로 주어질 때, 수식을 계산한 값을 return하는 solution 함수를 완성해 주세요.

제한 사항

- 연산자는 +, −만 존재합니다.
- 문자열의 시작과 끝에는 공백이 없습니다.
- 0으로 시작하는 숫자는 주어지지 않습니다.
- 잘못된 수식은 주어지지 않습니다.
- 5 ≤ my_string의 길이 ≤ 100
- my_string을 계산한 결과값은 1 이상 100,000 이하입니다.
  - my_string의 중간 계산 값은 −100,000 이상 100,000 이하입니다.
  - 계산에 사용하는 숫자는 1 이상 20,000 이하인 자연수입니다.
  - my_string에는 연산자가 적어도 하나 포함되어 있습니다.
- return type은 정수형입니다.
- my_string의 숫자와 연산자는 공백 하나로 구분되어 있습니다.

입출력의 예

my_string	result
"3 + 4"	7

입출력 예 설명

┃입출력 예 #1┃

3 + 4 = 7을 return합니다.

이 문제는 주어진 수식을 계산하는 문제입니다. 예를 들어, "3 + 5"라면 8을, "4 − 3"이라면 1을 계산하면 됩니다. 이때 연산자의 앞, 뒤로 공백 문자가 있기 때문에 전체 문자열을 공백을 기준으로 나눈다면 숫자, 연산자, 숫자, 연산자, …와 같이 리스트를 만들어낼 수 있습니다. 그 다음 연산자의 종류에 따라 주어진 숫자를 더하거나 빼주면 됩니다.

```python
def solution(my_string):
    answer = 0
    operator = ""
    for char in my_string.split():
        if char in ["+", "-"]:
            operator = char
        else:
            if operator == "+":
                answer += int(char)
            elif operator == "-":
                answer -= int(char)
            else:
                answer = int(char)

    return answer
```

두 번째 풀이는 뺄셈을 덧셈으로 바꾸어 계산하는 방법입니다. 예를 들어, "4 − 3"을 "4 + (−3)"으로 바꾸어 모든 숫자를 덧셈으로 계산합니다. 이를 위해서 "−"를 "+ −"로 바꾸어주면 됩니다. 즉, "4 − 3"은 "4 + -3"이 되기 때문에, 전체 문자열을 "+"를 기준으로 나누어준 다음, 나뉜 값들을 전부 더하면 정답입니다.

```python
def solution(my_string):
    answer = 0
    for num in my_string.replace("-", "+ -").split("+"):
        answer += int(num)
    return answer
```

이 방법은 아래와 같이 컴프리헨션을 이용해 한 줄로 바꾸는 것도 가능합니다.

```python
def solution(my_string):
    return sum(int(num) for num in my_string.replace("-", "+ -").split("+ "))
```

풀이 **3**

파이썬의 **eval**을 사용하면 주어진 문자열을 파이썬 코드로 바꾸어 실행해줍니다.

```python
def solution(my_string):
    return eval(my_string)
```

굉장히 간단하게 문제를 풀 수 있습니다. 하지만 **eval**은 절대로 사용해서는 안 되는 함수입니다. 그 이유는 다음과 같습니다.

● 매우 위험하고 보안상 취약한 방법이다.

● **eval**을 쓰지 않고도 해결할 수 있는 방법이 거의 항상 존재한다.

미리 작성된 코드가 아니고 문자열을 파이썬 코드로 바꾼다는 점 때문에, 외부에서 공격을 위해서 코드를 문자열로 입력하는 경우 해킹 등의 피해가 발생할 수 있습니다. 이렇게 사용자 입력을 코드로 바꿀 수 있는 기능 때문에 발생한 보안 사고로 가장 유명한 유형이 바로 SQL 주입(SQL injection) 문제입니다.

> **Clear Comment**
>
> 코딩테스트는 정답을 맞히는 것도 중요하지만, 회사에서 일할 수 있는 사람을 뽑기 위해서 치르는 시험이니만큼 얼마나 좋은 코드를 작성하느냐도 채용에서의 평가 요소가 됩니다. 따라서 코딩테스트에서 **eval**을 사용하게 되면 로직을 구현하지 않고 문제를 맞히려는 행위로 간주될 수 있으므로 매우 주의해야 합니다.

문제 3 OX퀴즈(문자열 메소드 사용) 레벨 0

문제 설명

덧셈, 뺄셈 수식들이 'X [연산자] Y = Z' 형태로 들어 있는 문자열 배열 quiz가 매개변수로 주어집니다. 수식이 옳다면 "O"를 틀리다면 "X"를 순서대로 담은 배열을 return하도록 solution 함수를 완성해 주세요.

제한 사항

• 연산 기호와 숫자 사이는 항상 하나의 공백이 존재합니다. 단, 음수를 표시하는 마이너스 기호와 숫자 사이에는 공백이 존재하지 않습니다.
• 1 ≤ quiz의 길이 ≤ 10
• X, Y, Z는 각각 0부터 9까지 숫자로 이루어진 정수를 의미하며, 각 숫자의 맨 앞에 마이너스 기호가 하나 있을 수 있고 이는 음수를 의미합니다.
• X, Y, Z는 0을 제외하고는 0으로 시작하지 않습니다.
• −10,000 ≤ X, Y ≤ 10,000
• −20,000 ≤ Z ≤ 20,000
• [연산자]는 + 와 − 중 하나입니다.

입출력의 예

quiz	result
["3 − 4 = −3", "5 + 6 = 11"]	["X", "O"]
["19 − 6 = 13", "5 + 66 = 71", "5 − 15 = 63", "3 − 1 = 2"]	["O", "O", "X", "O"]

입출력 예 설명

| 입출력 예 #1 |

3 − 4 = −3 은 틀린 수식이므로 "X", 5 + 6 = 11은 옳은 수식이므로 "O"입니다. 따라서 ["X", "O"]를 return합니다.

| 입출력 예 #2 |

19 − 6 = 13 은 옳은 수식이므로 "O", 5 + 66 = 71은 옳은 수식이므로 "O", 5 − 15 = 63은 틀린 수식이므로 "X", 3 − 1 = 2는 옳은 수식이므로 "O". 따라서 ["O", "O", "X", "O"]를 return합니다.

```python
def solution(quiz):
    answer = []
    for q in quiz:
        left, right = q.split(' = ')
        num1, op, num2 = left.split()

        if op == '+':
            left = int(num1) + int(num2)
        else:
            left = int(num1) - int(num2)

        answer.append('O' if left == int(right) else 'X')
    return answer
```

이 문제는 계산식이 항상 "숫자 연산자 숫자 = 숫자" 꼴로 주어진다는 점에 주목하면 쉽게 해결할 수 있습니다. 먼저 등호를 기준으로 좌변과 우변을 나눕니다. 좌변을 공백 기준으로 나누면 숫자1, 연산자, 숫자2의 3개로 값을 나눌 수 있습니다. 연산자가 "+" 면 두 숫자를 더하고, "-" 면 숫자를 뺍니다. 그렇게 해서 좌변의 계산 결과를 만들고, 그 결과가 우변과 값이 같은지를 검사합니다. 만일 값이 일치하면 "O"를 결과에 추가하고, 일치하지 않으면 "X"를 추가합니다.

문제 4   숨어 있는 숫자의 덧셈(문자열 메소드 사용) 레벨 0

문제 설명

문자열 my_string이 매개변수로 주어집니다. my_string은 소문자, 대문자, 자연수로만 구성되어 있습니다. my_string 안의 자연수들의 합을 return하도록 solution 함수를 완성해 주세요.

제한 사항

- 1 ≤ my_string의 길이 ≤ 1,000
- 1 ≤ my_string 안의 자연수 ≤ 1000
- 연속된 수는 하나의 숫자로 간주합니다.
- 000123과 같이 0이 선행하는 경우는 없습니다.
- 문자열에 자연수가 없는 경우 0을 return해 주세요.

입출력의 예

my_string	result
"aAb1B2cC34oOp"	37
"1a2b3c4d123Z"	133

입출력 예 설명

▌입출력 예 #1 ▌

"aAb1B2cC34oOp" 안의 자연수는 1, 2, 34입니다. 따라서 1 + 2 + 34 = 37을 return합니다.

▌입출력 예 #2 ▌

"1a2b3c4d123Z" 안의 자연수는 1, 2, 3, 4, 123입니다. 따라서 1 + 2 + 3 + 4 + 123 = 133을 return합니다.

```python
def solution(my_string):
    answer = 0
    temp = ""
    for char in my_string:
        if char.isdigit():
            temp += char
        else:
            if temp:
                answer += int(temp)
            temp = ""
    return answer + int(temp) if temp else answer
```

앞에서 배운 메소드 중에서 어떤 문자가 숫자인지를 판별하는 **isdigit**을 사용합니다. 여기서 연속으로 숫자가 나오면 하나의 숫자로 취급해야 하기 때문에, 숫자들을 모으기 위해 **temp** 변수를 만들었습니다. 그 다음 숫자가 아닌 경우(**else**)가 나오면 지금까지 모은 숫자를 정수로 바꾸어 **answer**에 더합니다. 그리고 다시 **temp**를 빈 문자열로 만들어 다음 숫자가 나오기를 기다립니다. 마지막에 아직 더하지 못한 **temp**가 있다면 결과에 더해준 다음 **answer**를 리턴하면 됩니다.

풀이 **2**

```python
def solution(my_string):
    s = ''.join(char if char.isdigit() else ' ' for char in my_string)
    return sum(int(char) for char in s.split())
```

두 번째 풀이 방법은 매우 직관적이고 코드도 간단합니다. 숫자가 아닌 문자를 모두 공백으로 바꾸고, 공백을 기준으로 문자열을 자른 뒤 각 문자를 정수로 바꾸어 더해 주는 방법입니다.

풀이 3

```python
import re

def solution(my_string):
    return sum(int(char) for char in re.findall(r'[0-9]+', my_string))
```

마지막은 정규식(regular expression)을 사용하는 방법입니다. 주어진 문자열에서 숫자만 찾은 다음 값을 모두 더하게 됩니다.

> **Clear Comment**
>
> 자연어 처리 등에서 자주 사용되는 정규식은 복잡한 조건의 문자열을 쉽고 빠르게 찾을 수 있도록 해 주기 때문에 매우 활용도가 높습니다. 다만 코딩테스트에서 정규식을 사용한 문제는 자주 출제되지 않으니 꼭 공부해야 할 필요는 없습니다.

문제 5 　인덱스 바꾸기(일반적인 문자열) 레벨 0

문제 설명

문자열 my_string과 정수 num1, num2가 매개변수로 주어질 때, my_string에서 인덱스 num1과 인덱스 num2에 해당하는 문자를 바꾼 문자열을 return하도록 solution 함수를 완성해보세요.

제한 사항

- 1 < my_string의 길이 < 100
- 0 ≤ num1, num2 < my_string의 길이
- my_string은 소문자로 이루어져 있습니다.
- num1 ≠ num2

입출력의 예

my_string	num1	num2	result
"hello"	1	2	"hlelo"
"I love you"	3	6	"I l veoyou"

입출력 예 설명

│ 입출력 예 #1 │

"hello"의 1번째 인덱스인 "e"와 2번째 인덱스인 "l"을 바꾸면 "hlelo"입니다.

│ 입출력 예 #2 │

"I love you"의 3번째 인덱스 "o"와 " "(공백)을 바꾸면 "I l veoyou"입니다.

```
def solution(my_string, num1, num2):
    small, big = sorted((num1, num2))
    return (
        my_string[:small]
        + my_string[big]
        + my_string[small + 1 : big]
        + my_string[small]
        + my_string[big + 1 :]
    )
```

이 함수는 sorted 함수를 사용하여 num1과 num2의 값을 오름차순으로 정렬하고 작은 값을 변수 small에, 큰 값을 변수 big에 할당합니다. 그런 다음, 이 함수는 슬라이싱을 사용하여 입력 문자열 my_string의 다른 부분을 추출하고 다른 순서로 연결하여 결괏값을 생성합니다. 입력 문자열에서 small 위치의 문자 앞 부분, big 위치의 문자, small + 1과 big 위치 사이의 입력 문자열 부분, small 위치의 문자, big + 1 위치 뒤의 입력 문자열 부분을 추출합니다. 이 부분들을 순서대로 연결하여 결괏값을 생성합니다. 결괏값은 입력 문자열의 num1과 num2 위치에서 문자를 바꾸면 얻을 수 있습니다.

풀이 **2**

```
def solution(my_string, num1, num2):
    string = list(my_string)
    string[num1], string[num2] = string[num2], string[num1]
    return "".join(string)
```

먼저 문자열 my_string을 리스트로 바꾸고, num1과 num2 인덱스에 해당하는 값을 서로 바꿉니다. 이제 원하는 위치의 값이 바뀌었기 때문에 리스트를 다시 문자열로 만들면 됩니다.

문제 6 | 문자열 밀기(일반적인 문자열) 레벨 0

문제 설명

문자열 "hello"에서 각 문자를 오른쪽으로 한 칸씩 밀고 마지막 문자는 맨 앞으로 이동시키면 "ohell"이 됩니다. 이것을 문자열을 민다고 정의한다면 문자열 A와 B가 매개변수로 주어질 때, A를 밀어서 B가 될 수 있다면 밀어야 하는 최소 횟수를 return하고 밀어서 B가 될 수 없으면 −1을 return하도록 solution 함수를 완성해보세요.

제한 사항

- 0 < A의 길이 = B의 길이 < 100
- A, B는 알파벳 소문자로 이루어져 있습니다.

입출력의 예

A	B	result
"hello"	"ohell"	1
"apple"	"elppa"	−1
"atat"	"tata"	1
"abc"	"abc"	0

입출력 예 설명

┃입출력 예 #1┃

"hello"를 오른쪽으로 한 칸 밀면 "ohell"가 됩니다.

┃입출력 예 #2┃

"apple"은 몇 번을 밀어도 "elppa"가 될 수 없습니다.

┃입출력 예 #3┃

"atat"는 오른쪽으로 한 칸, 세 칸을 밀면 "tata"가 되므로 최소 횟수인 1을 반환합니다.

┃입출력 예 #4┃

"abc"는 밀지 않아도 "abc"이므로 0을 반환합니다.

풀이 **1**

```python
def solution(A, B):
    chance = len(A)

    while chance:
        if A[chance:] + A[:chance] == B:
            return len(A) - chance
        chance -= 1

    return -1
```

이 문제에서는 두 번째 문자열 B를 얻기 위해 첫 번째 문자열 A를 오른쪽으로 몇 번 회전시켜야 하는지를 구해야 합니다. 만일 A를 회전시켜서 B를 만들 수 없다면 −1을 리턴합니다.

while 루프를 사용해 움직일 수 있는 기회를 나타내는 chance만큼 A를 한 칸씩 오른쪽으로 이동시킵니다. 이때 A의 마지막 원소를 첫 번째 원소로 이동시키면서 한 칸씩을 이동합니다. 이동한 결과가 B와 같다면 움직인 횟수인 len(A) - chance를 리턴하면 됩니다. 만일 같지 않다면 chance를 1씩 감소시킵니다.

풀이 **2**

```python
solution=lambda a,b:(b*2).find(a)
```

이 방법은 문자열 B를 2배만큼 늘려서 A의 위치를 찾는 방법입니다. 그러면 A의 인덱스를 통해, 실제로 몇 번을 회전시키면 되는지를 바로 구할 수 있습니다. 예를 들어, A가 "hello", B가 "lohel"인 경우, B를 두배만큼 늘리고 A의 위치를 맞춰보면 다음과 같습니다.

```
lohellohel
  hello
```

따라서 2칸만 회전시키면 되는 것을 알 수 있습니다.

문제 7 　자릿수 더하기(일반적인 문자열) 레벨 0

문제 설명

정수 n이 매개변수로 주어질 때 n의 각 자리 숫자의 합을 return하도록 solution 함수를 완성해 주세요.

제한 사항

$0 \leq n \leq 1,000,000$

입출력의 예

n	result
1234	10
930211	16

입출력 예 설명

▎입출력 예 #1▎

1 + 2 + 3 + 4 = 10을 return합니다.

▎입출력 예 #2▎

9 + 3 + 0 + 2 + 1 + 1 = 16을 return합니다.

풀이 **1**

```python
def solution(n):
    answer = 0
    while n:
        answer += n % 10
        n //= 10

    return answer
```

주어진 숫자의 각 자리에 해당하는 값을 빠르게 계산하는 방법입니다. 예를 들어, 숫자가 123이라면 1, 2, 3으로 각 자리의 값을 나눌 수 있습니다. 주어진 숫자를 10으로 나눈 나머지가 1의 자리에 해당하는 값이고, 이때 숫자를 10으로 나눈 몫이 10의 자리부터의 나머지 숫자에 해당합니다. 따라서 n이 0이 될 때까지 이 과정을 반복하면 각 자리에 해당하는 값을 모두 구할 수 있게 됩니다. 문제에서는 각 자리의 합을 구하는 것이 목표이기 때문에 answer에 나머지를 계속 더해 주면 정답을 구할 수 있습니다. 첫 번째 파라미터로 나누어지는 숫자를, 두 번째 파라미터로 나눌 숫자를 입력받아서 몫과 나머지를 튜플로 리턴합니다.

Quick Tip

참고로 몫과 나머지를 한꺼번에 구할 때는 **divmod**를 사용하면 편리합니다.

```python
# 몫, 나머지 = divmod(나누어지는 숫자, 나눌 숫자)
2, 1 = divmod(5, 2)
```

위 풀이를 **divmod**를 사용해서 풀어보면 다음과 같습니다.

```python
def solution(n):
    answer = 0
    while n:
        quo, rem = divmod(n, 10)
        answer += rem
        n = quo

    return answer
```

```python
def solution(n):
    return sum(int(i) for i in str(n))
```

파이썬에서는 정수를 문자열로, 문자열을 정수로 바로 바꿀 수 있기 때문에 매우 편리합니다. 이 문제에서도 정수를 문자열로 바꾼 다음, 각 자리를 더해 주기만 하면 정답이 됩니다. 하지만 이 방법은 숫자 n이 매우 클 경우 매우 느리고, 메모리를 추가로 사용하는 단점이 있습니다. 실제로 프로그래머스에서도 풀이 1과 풀이 2를 각각 실행시켜 보면 풀이 1은 0.00 ~ 0.01ms밖에 걸리지 않는 반면, 풀이 2는 0.02~0.03ms 정도 걸리는 것을 알 수 있습니다. 따라서 문제의 조건을 잘 살펴보고, 문자열로 바꿔서 풀어도 되는지를 신중하게 결정해야 합니다.

문제 8   문자열 나누기(일반적인 문자열) 레벨 1

문제 설명

문자열 s가 입력되었을 때 다음 규칙을 따라서 이 문자열을 여러 문자열로 분해하려고 합니다.

- 먼저 첫 글자를 읽습니다. 이 글자를 x라고 합시다.
- 이제 이 문자열을 왼쪽에서 오른쪽으로 읽어나가면서, x와 x가 아닌 다른 글자들이 나온 횟수를 각각 셉니다. 처음으로 두 횟수가 같아지는 순간 멈추고, 지금까지 읽은 문자열을 분리합니다.
- s에서 분리한 문자열을 빼고 남은 부분에 대해서 이 과정을 반복합니다. 남은 부분이 없다면 종료합니다.
- 만약 두 횟수가 다른 상태에서 더 이상 읽을 글자가 없다면, 역시 지금까지 읽은 문자열을 분리하고, 종료합니다.
- 문자열 s가 매개변수로 주어질 때, 위 과정과 같이 문자열들로 분해하고, 분해한 문자열의 개수를 return하는 함수 solution을 완성하세요.

제한 사항

- 1 ≤ s의 길이 ≤ 10,000
- s는 영어 소문자로만 이루어져 있습니다.

입출력의 예

s	result
"banana"	3
"abracadabra"	6
"aaabbaccccabba"	3

입출력 예 설명

입출력 예 #1

s="banana"인 경우 ba – na – na와 같이 분해됩니다.

입출력 예 #2

s="abracadabra"인 경우 ab – ra – ca – da – br – a와 같이 분해됩니다.

입출력 예 #3

s="aaabbaccccabba"인 경우 aaabbacc – ccab – ba와 같이 분해됩니다.

풀이

```python
def solution(s):
    count = 0
    me = 0
    other = 0
    for char in s:
        if me == other:
            count += 1
            pre = char

        if char == pre:
            me += 1
        else:
            other += 1

    return count
```

이 함수에서는 입력 문자열 s를 반복문을 통해 한 문자씩 순회합니다. me 변수는 현재까지 문자열에서 나온 기준 문자(pre)의 개수를, other 변수는 기준 문자가 아닌 다른 문자열의 개수를 저장합니다. count 변수는 분해한 문자열의 개수를 세는 역할을 합니다.

char == pre 조건문에서는 현재 문자가 기준 문자와 같은지를 비교하여 me 변수를 업데이트합니다. 만약 같지 않으면 other 변수를 업데이트합니다. 그러다가 me와 other의 값이 같아지면, 지금까지 읽은 문자열을 분리하기 위해 pre를 현재 문자인 char로 업데이트합니다.

문제 9 옹알이(2)(일반적인 문자열) 레벨 1

문제 설명

머쓱이는 태어난 지 11개월 된 조카를 돌보고 있습니다. 조카는 아직 "aya", "ye", "woo", "ma" 네 가지 발음과 네 가지 발음을 조합해서 만들 수 있는 발음밖에 하지 못하고 연속해서 같은 발음을 하는 것을 어려워합니다. 문자열 배열 babbling이 매개변수로 주어질 때, 머쓱이의 조카가 발음할 수 있는 단어의 개수를 return하도록 solution 함수를 완성해 주세요.

제한 사항

- 1 ≤ babbling의 길이 ≤ 100
- 1 ≤ babbling[i]의 길이 ≤ 30
- 문자열은 알파벳 소문자로만 이루어져 있습니다.

입출력의 예

babbling	result
["aya", "yee", "u", "maa"]	1
["ayaye", "uuu", "yeye", "yemawoo", "ayaayaa"]	2

입출력 예 설명

▎입출력 예 #1▎

["aya", "yee", "u", "maa"]에서 발음할 수 있는 것은 "aya"뿐입니다. 따라서 1을 return합니다.

▎입출력 예 #2▎

["ayaye", "uuuma", "yeye", "yemawoo", "ayaayaa"]에서 발음할 수 있는 것은 "aya" + "ye" = "ayaye", "ye" + "ma" + "woo" = "yemawoo"로 2개입니다. "yeye"는 같은 발음이 연속되므로 발음할 수 없습니다. 따라서 2를 return합니다.

유의사항

네 가지를 붙여 만들 수 있는 발음 이외에는 어떤 발음도 할 수 없는 것으로 규정합니다. 예를 들어 "woowo"는 "woo"는 발음할 수 있지만 "wo"를 발음할 수 없기 때문에 할 수 없는 발음입니다.

```python
def solution(babbling):
    pros = ["aya", "ye", "woo", "ma"]
    count = 0
    for babble in babbling:
        for pro in pros:
            if pro * 2 in babble:
                break
            babble = babble.replace(pro, " ")

        if not babble.strip():
            count += 1
    return count
```

앞에서 보았던 옹알이 문제의 업그레이드 버전입니다. 이번에 추가된 조건은 "같은 발음을 연속해서 할 수 없다."입니다. 따라서 각 발음이 연속으로 두 번 등장한다면 해당 단어는 건너뜁니다. 두 번 연속으로 등장하는 문자열을 만들기 위해서는 **pro*2**와 같이 문자열에 곱셈 연산을 해주면 됩니다.

구현

개념 설명

구현 문제란, 특별한 알고리즘을 사용하지 않고 풀이할 수 있는 문제를 말합니다. 예를 들어, 다음과 같은 문제를 살펴볼까요?

코딩테스트 연습(가위 바위 보) 레벨 1

문제 설명

가위는 2, 바위는 0, 보는 5로 표현합니다. 가위 바위 보를 내는 순서대로 나타낸 문자열 rsp가 매개변수로 주어질 때, rsp에 저장된 가위 바위 보를 모두 이기는 경우를 순서대로 나타낸 문자열을 return하도록 solution 함수를 완성해보세요.

제한 사항

- 0 < rsp의 길이 ≤ 100
- rsp와 길이가 같은 문자열을 return합니다.
- rsp는 숫자 0, 2, 5로 이루어져 있습니다.

입출력의 예

rsp	result
"2"	"0"
"205"	"052"

입출력 예 설명

┃ 입출력 예 #1 ┃

"2"는 가위이므로 바위를 나타내는 "0"을 return합니다.

┃ 입출력 예 #2 ┃

"205"는 순서대로 가위, 바위, 보이고 이를 모두 이기려면 바위, 보, 가위를 순서대로 내야 하므로 "052"를 return합니다.

문자열 rsp가 주어질 때, 모든 경우에 이길 수 있는 경우의 수를 구하는 문제입니다. 문제에서 가위, 바위, 보에 각각 2, 0, 5라는 숫자가 주어져 있습니다. 따라서 문제에서 가위에 해당하는 문자열 "2"가 주어지면, 이기기 위해서는 바위에 해당하는 문자열인 "0"을 정답으로 제출하면 됩니다. 따라서 이 문제는 문자열 rsp 의 원소를 순서대로 반복하면서, 각 문자열이 가위, 바위, 보 중에 어느 것에 해당하는지를 구한 다음, 해당 패를 이길 수 있는 문자열을 찾으면 되는 문제입니다. 이 과정을 코드로 풀어 보면 다음과 같습니다.

```python
def solution(rsp):
    answer = ""
    for char in rsp:
        if char == "2":
            answer += "0"
        elif char == "0":
            answer += "5"
        else:
            answer += "2"
    return answer
```

이 문제에서는 특별한 알고리즘이나 자료구조가 사용되지 않았고, 문제에서 주어진 "가위바위보 규칙"을 이해했다면 충분히 풀 수 있습니다. 구현 문제는 이처럼 풀이 방법이나 원리는 간단하지만, 실제로 코드로 구현하는 것이 까다롭거나 복잡한 문제입니다.

Quick Tip

참고로 이 문제는 딕셔너리와 리스트 컴프리헨션을 사용하면 다음처럼 더 간단하게 풀 수 있습니다.

```python
def solution(rsp):
    win = { "2" : "0", "0" : "5", "5" : "2" }
    return "".join([win[char] for char in rsp])
```

구현 문제 유형

대표적인 구현 문제를 몇 가지 유형으로 나눠 보면 다음과 같습니다.

- 주어진 조건대로 구현하면 풀 수 있는 문제(시뮬레이션)
- 모든 경우의 수를 탐색해야 하는 문제(완전탐색)
- 투 포인터 문제
- 간단한 수학 공식을 사용해야 하는 문제
- 특수한 문자열 조작이 필요한 문제
- 2차원 배열에서의 이동, 회전 등이 필요한 문제

이 중에서 시뮬레이션 문제는 실제 개발자로 취업했을 때, 주어진 요구사항대로 프로그램을 개발하는 것과 유사하기 때문에 최근 코딩테스트에서 많이 출제되고 있는 추세입니다.

문제 1 연속된 수의 합 레벨 0

문제 설명

연속된 세 개의 정수를 더해 12가 되는 경우는 3, 4, 5입니다. 두 정수 num과 total이 주어집니다. 연속된 수 num개를 더한 값이 total이 될 때, 정수 배열을 오름차순으로 담아 return하도록 solution 함수를 완성해보세요.

제한 사항

• 1 ≤ num ≤ 100
• 0 ≤ total ≤ 1000
• num개의 연속된 수를 더하여 total이 될 수 없는 테스트 케이스는 없습니다.

입출력의 예

num	total	result
3	12	[3, 4, 5]
5	15	[1, 2, 3, 4, 5]
4	14	[2, 3, 4, 5]
5	5	[-1, 0, 1, 2, 3]

입출력 예 설명

| 입출력 예 #1 |

num = 3, total = 12인 경우 [3, 4, 5]를 return합니다.

| 입출력 예 #2 |

num = 5, total = 15인 경우 [1, 2, 3, 4, 5]를 return합니다.

| 입출력 예 #3 |

4개의 연속된 수를 더해 14가 되는 경우는 2, 3, 4, 5입니다.

| 입출력 예 #4 |

설명 생략

```
def solution(num, total):
    start = total // num

    for i in range(num):
        result = range(start - i, start - i + num)
        if sum(result) == total:
            return list(result)
```

먼저 탐색의 시작점 start를 total을 num으로 나눈 몫으로 만듭니다. 그 다음 for 루프를 반복하면서 시작점에서 num개만큼의 정수의 합을 계산해 total과 값이 같은지를 검사합니다. 값이 같다면, range 객체를 리스트로 바꾸어 결과로 리턴하면 됩니다.

```
def solution(num, total):
    var = sum(range(num + 1))
    diff = total - var
    start_num = diff // num
    return [i + 1 + start_num for i in range(num)]
```

먼저 1부터 num까지의 합계를 계산해 var에 저장합니다. 그 다음, 구하고자 하는 total과의 차이를 diff에 저장합니다. 이제 diff // num을 계산하면 어디서부터 시작해야 원하는 값을 구할 수 있는지를 알 수 있습니다. 예를 들어, num = 3이고 total = 12인 경우를 순서대로 계산해보면 다음과 같습니다.

```
var = 0 + 1 + 2 + 3 = 6
diff = 12 - 6 = 6
start_num = 6 // 3 = 2

# 결과
# range(num) -> 0, 1, 2
[0 + 1 + 2, 1 + 1 + 2, 2 + 1 + 2]
= [3, 4, 5]
```

문제 ❷ 치킨 쿠폰 레벨 0

문제 설명

프로그래머스 치킨은 치킨을 시켜 먹으면 한 마리당 쿠폰을 한 장 발급합니다. 쿠폰을 열 장 모으면 치킨을 한 마리 서비스로 받을 수 있고, 서비스 치킨에도 쿠폰이 발급됩니다. 시켜 먹은 치킨의 수 chicken이 매개변수로 주어질 때 받을 수 있는 최대 서비스 치킨의 수를 return하도록 solution 함수를 완성해 주세요.

제한 사항

- chicken은 정수입니다.
- $0 \le chicken \le 1,000,000$

입출력의 예

chicken	result
100	11
1,081	120

입출력 예 설명

┃ 입출력 예 #1 ┃

- 100마리를 주문하면 쿠폰이 100장 발급되므로 서비스 치킨 10마리를 주문할 수 있습니다.
- 10마리를 주문하면 쿠폰이 10장 발급되므로 서비스 치킨 1마리를 주문할 수 있습니다.

따라서 10 + 1 = 11 을 return합니다.

┃ 입출력 예 #2 ┃

- 1081마리를 주문하면 쿠폰이 1081장 발급되므로 서비스 치킨 108마리를 주문할 수 있습니다. 그리고 쿠폰이 1장 남습니다.
- 108마리를 주문하면 쿠폰이 108장 발급되므로 서비스 치킨 10마리를 주문할 수 있습니다. 그리고 쿠폰이 8장 남습니다.
- 10마리를 주문하면 쿠폰이 10장 발급되므로 서비스 치킨 1마리를 주문할 수 있습니다.
- 1마리를 주문하면 쿠폰이 1장 발급됩니다.
- 가지고 있는 쿠폰이 총 10장이므로 서비스 치킨 1마리를 추가로 주문할 수 있습니다.

따라서 108 + 10 + 1 + 1 = 120을 return합니다.

```python
def solution(chicken):
    count = 0

    while True:
        coupon = chicken // 10
        chicken -= 9 * coupon
        count += coupon

        if not coupon:
            break

    return count
```

이 함수는 변수 count를 0으로 초기화하고 무한 루프에 진입하여 이를 수행합니다. 루프의 각 반복에서 얻을 수 있는 쿠폰의 수는 chicken을 10으로 나눈 정수로 계산됩니다. 그런 다음, 이 숫자를 chicken에서 빼고 9를 곱하여 남은 치킨의 수를 업데이트합니다. 획득한 쿠폰의 개수가 count에 추가됩니다. 이 루프는 더 이상 쿠폰을 얻을 수 없을 때까지 계속되며, 이 시점에서 함수는 count 값을 반환합니다.

풀이 2

```python
def solution(chicken):
    answer = (max(chicken,1)-1)//9
    return answer
```

두 번째 코드는 수학 공식을 사용하여 동일한 결과를 계산합니다. chicken과 1 사이의 최댓값을 찾아서 1을 뺀 다음 정수를 9로 나누는 작업을 수행합니다. 이 공식은 치킨 10마리를 쿠폰으로 교환할 때마다 9마리의 치킨이 남는다는 관찰에서 도출된 것입니다. 따라서 얻을 수 있는 쿠폰의 개수는 chiken - 1을 9로 나눈 정수와 같습니다.

문제 3 k의 개수 레벨 0

문제 설명

1부터 13까지의 수에서, 1은 1, 10, 11, 12, 13 이렇게 총 6번 등장합니다. 정수 i, j, k가 매개변수로 주어질 때, i부터 j까지 k가 몇 번 등장하는지 return하도록 solution 함수를 완성해 주세요.

제한 사항

- $1 \leq i < j \leq 100,000$
- $0 \leq k \leq 9$

입출력의 예

i	j	k	result
1	13	1	6
10	50	5	5
3	10	2	0

입출력 예 설명

입출력 예 #1

본문과 동일합니다.

입출력 예 #2

10부터 50까지 5는 15, 25, 35, 45, 50 총 5번 등장합니다. 따라서 5를 return합니다.

입출력 예 #3

3부터 10까지 2는 한 번도 등장하지 않으므로 0을 return합니다.

풀이 1

```
def solution(i, j, k):
    count = 0
    for num in range(i, j + 1):
        for char in str(num):
            if char == str(k):
                count += 1
    return count
```

첫 번째 코드는 중첩 루프를 사용하여 이 작업을 수행합니다. 바깥쪽 루프는 i부터 j까지를 포함하는 숫자 범위를 반복합니다. 이 범위의 각 숫자에 대해 내부 루프는 str(num)의 각 문자를 반복합니다. 문자가 k의 문자열 표현과 같으면 변수 count가 증가합니다. 최종값인 count가 결과로 반환됩니다.

풀이 2

```
def solution(i, j, k):
    return sum(str(num).count(str(k)) for num in range(i, j+1))
```

두 번째 코드는 보다 간결한 접근 방식을 사용하여 동일한 작업을 수행합니다. 이 코드는 sum 함수의 컴프리헨션을 사용하여 결과를 계산합니다. 컴프리헨션은 i에서 j를 포함하는 숫자 범위를 반복하고 각 숫자에 대해 문자열의 count 메서드를 사용하여 str(num)에 k의 문자열 표현이 나타나는 횟수를 계산합니다. 그런 다음, sum 함수는 각 횟수를 더하여 str(k)를 계산합니다.

문제 4 369게임 레벨 0

문제 설명

머쓱이는 친구들과 369게임을 하고 있습니다. 369게임은 1부터 숫자를 하나씩 대며 3, 6, 9가 들어가는 숫자는 숫자 대신 3, 6, 9의 개수만큼 박수를 치는 게임입니다. 머쓱이가 말해야 하는 숫자 order가 매개변수로 주어질 때, 머쓱이가 쳐야 할 박수 횟수를 return하도록 solution 함수를 완성해보세요.

제한 사항

$1 \leq order \leq 1,000,000$

입출력의 예

order	result
3	1
29423	2

입출력 예 설명

│ 입출력 예 #1 │

3은 3이 1개 있으므로 1을 출력합니다.

│ 입출력 예 #2 │

29423은 3이 1개, 9가 1개 있으므로 2를 출력합니다.

풀이 **1**

```python
def solution(order):
    count = 0
    for num in str(order):
        if num in ["3", "6", "9"]:
            count += 1
    return count
```

먼저 주어진 숫자를 문자열로 바꾸고, 각 문자를 하나씩 반복합니다. 그 다음 문자 num이 ["3", "6", "9"] 중 하나인지를 검사하고, 만일 맞다면 count를 1 증가시킵니다. 전체 문자열을 순회한 다음에는 3, 6, 9의 개수가 구해집니다.

풀이 **2**

```python
def solution(order):
    count = 0
    while order:
        num = order % 10
        order = (order-num) / 10

        if num and num % 3 == 0:
            count += 1
    return count
```

두 번째 방법은 주어진 숫자를 문자열로 바꾸지 않고 숫자 그대로 문제를 해결하는 방법입니다. 주어진 숫자를 10으로 나눈 나머지를 구하면 가장 마지막 자릿수를 구할 수 있습니다. 예를 들어, 주어진 숫자가 "123"이라면 num은 3이 됩니다.

```
123 % 10 => 3
```

그 다음 주어진 숫자 order에서 num을 빼고 10으로 나눕니다. 그러면 마지막 자릿수가 지워진 나머지 숫자 12를 구할 수 있습니다.

```
(123 - 3) / 10 = 12
```

이제 num이 0이 아니면서 3으로 나누어 떨어지는 숫자라면 3, 6, 9 중 하나라는 뜻이므로 count를 1 증가시킵니다. 이제 이 과정을 order에 남는 숫자가 없을 때까지 반복하면 됩니다.

```
숫자  ->  남은 수,  나머지
123  ->    12,      3
 12  ->     1,      2
  1  ->     -,      1
```

문제 5   카드 뭉치 레벨 1

문제 설명

코니는 영어 단어가 적힌 카드 뭉치 두 개를 선물로 받았습니다. 코니는 다음과 같은 규칙으로 카드에 적힌 단어들을 사용해 원하는 순서의 단어 배열을 만들 수 있는지 알고 싶습니다.

- 원하는 카드 뭉치에서 카드를 순서대로 한 장씩 사용합니다.
- 한 번 사용한 카드는 다시 사용할 수 없습니다.
- 카드를 사용하지 않고 다음 카드로 넘어갈 수 없습니다.
- 기존에 주어진 카드 뭉치의 단어 순서는 바꿀 수 없습니다.

예를 들어, 첫 번째 카드 뭉치에 순서대로 ["i", "drink", "water"], 두 번째 카드 뭉치에 순서대로 ["want", "to"]가 적혀 있을 때 ["i", "want", "to", "drink", "water"] 순서의 단어 배열을 만들려고 한다면 첫 번째 카드 뭉치에서 "i"를 사용한 후 두 번째 카드 뭉치에서 "want"와 "to"를 사용하고 첫 번째 카드뭉치에 "drink"와 "water"를 차례대로 사용하면 원하는 순서의 단어 배열을 만들 수 있습니다. 문자열로 이루어진 배열 cards1, cards2와 원하는 단어 배열 goal이 매개변수로 주어질 때, cards1과 cards2에 적힌 단어들로 배 goal를 만들 수 있다면 "Yes"를, 만들 수 없다면 "No"를 return하는 solution 함수를 완성해 주세요.

제한 사항

- 1 ≤ cards1의 길이, cards2의 길이 ≤ 10
  - 1 ≤ cards1[i]의 길이, cards2[i]의 길이 ≤ 10
  - cards1과 cards2에는 서로 다른 단어만 존재합니다.
- 2 ≤ goal의 길이 ≤ cards1의 길이 + cards2의 길이
  - 1 ≤ goal[i]의 길이 ≤ 10
  - goal의 원소는 cards1과 cards2의 원소들로만 이루어져 있습니다.
- cards1, cards2, goal의 문자열들은 모두 알파벳 소문자로만 이루어져 있습니다.

입출력의 예

cards1	cards2	goal	result
["i", "drink", "water"]	["want", "to"]	["i", "want", "to", "drink", "water"]	"Yes"
["i", "water", "drink"]	["want", "to"]	["i", "want", "to", "drink", "water"]	"No"

입출력 예 설명

▎입출력 예 #1

본문과 같습니다.

▎입출력 예 #2

cards1에서 "i"를 사용하고 cards2에서 "want"와 "to"를 사용하여 "i want to"까지는 만들 수 있지만 "water"가 "drink"보다 먼저 사용되어야 하기 때문에 해당 문장을 완성시킬 수 없습니다. 따라서 "No"를 반환합니다.

```python
def solution(cards1, cards2, goal):
    answer = 'Yes'

    idx1, idx2 = 0, 0

    for word in goal:
        if idx1 < len(cards1) and word == cards1[idx1]:
            idx1 += 1
        elif idx2 < len(cards2) and word == cards2[idx2]:
            idx2 += 1
        else:
            answer = "No"
            break

    return answer
```

이 문제를 푸는 아이디어는 각 카드에서 단어를 먼저 뽑지 않고, 만들고자 하는 단어 배열인 goal에서 단어를 먼저 뽑는 것입니다. goal에서 뽑은 단어에 대해서 각 카드 뭉치에 이 단어가 존재하는지를 확인하면 됩니다. 예를 들어, goal = ["i", "want", "to", "drink", "water"]이라고 했을 때, 단어를 뽑으면 "i", "want", ⋯ 순으로 나오게 됩니다. 처음으로 뽑은 단어 "i"에 대해서, 각 카드뭉치가 다음과 같다면,

```python
card1 = ["i", "drink", "water"]
card2 = ["want", "to"]
```

첫 번째 카드뭉치에서 "i"를 뽑아서 사용할 수 있습니다. goal에서 다음 단어 "want"를 뽑으면 두 번째 카드뭉치에서 "want"를 뽑아서 사용할 수 있습니다. 이 과정을 goal의 모든 단어에 대해서 반복합니다. 이때 두 카드 뭉치의 길이가 다를 수 있기 때문에 각 카드 뭉치마다 인덱스를 별도로 만들고, 인덱스가 범위를 벗어나지 않도록 조건문을 작성해야 합니다. 만일 두 카드 뭉치에 모두 가능한 단어가 없다면 정답은 "No"가 되고, 모든 단어를 카드뭉치를 사용해 만들 수 있는 경우는 정답이 "Yes"가 됩니다.

문제 6 로또의 최고 순위와 최저 순위(2021 Dev-Matching: 웹 백엔드 개발자 - 상반기) 레벨 1

문제 설명

로또 6/45(이하 '로또'로 표기)는 1부터 45까지의 숫자 중 6개를 찍어서 맞히는 대표적인 복권입니다. 아래는 로또의 순위를 정하는 방식입니다.

순위	당첨 내용
1	6개 번호가 모두 일치
2	5개 번호가 일치
3	4개 번호가 일치
4	3개 번호가 일치
5	2개 번호가 일치
6(낙첨)	그 외

로또를 구매한 민우는 당첨 번호 발표일을 학수고대하고 있었습니다. 하지만 민우의 동생이 로또에 낙서를 하여, 일부 번호를 알아볼 수 없게 되었습니다. 당첨 번호 발표 후, 민우는 자신이 구매했던 로또로 당첨이 가능했던 최고 순위와 최저 순위를 알아보고 싶어졌습니다. 알아볼 수 없는 번호를 0으로 표기하기로 하고, 민우가 구매한 로또 번호 6개가 44, 1, 0, 0, 31 25라고 가정해보겠습니다. 당첨 번호 6개가 31, 10, 45, 1, 6, 19라면, 당첨 가능한 최고 순위와 최저 순위의 한 예는 아래와 같습니다.

당첨 번호	31	10	45	1	6	19	결과
최고 순위 번호	<u>31</u>	0→<u>10</u>	44	<u>1</u>	0→<u>6</u>	25	4개 번호 일치, 3등
최저 순위 번호	<u>31</u>	0→11	44	<u>1</u>	0→7	25	2개 번호 일치, 5등

- 순서와 상관없이, 구매한 로또에 당첨 번호와 일치하는 번호가 있으면 맞힌 걸로 인정됩니다.
- 알아볼 수 없는 두 개의 번호를 각각 10, 60이라고 가정하면 3등에 당첨될 수 있습니다.
  - 3등을 만드는 다른 방법들도 존재합니다. 하지만 2등 이상으로 만드는 것은 불가능합니다.
- 알아볼 수 없는 두 개의 번호를 각각 11, 70이라고 가정하면 5등에 당첨될 수 있습니다.
  - 5등을 만드는 다른 방법들도 존재합니다. 하지만 6등(낙첨)으로 만드는 것은 불가능합니다.

민우가 구매한 로또 번호를 담은 배열 lottos, 당첨 번호를 담은 배열 win_nums가 매개변수로 주어집니다. 이때, 당첨 가능한 최고 순위와 최저 순위를 차례대로 배열에 담아서 return하도록 solution 함수를 완성해 주세요.

제한 사항

- lottos는 길이 6인 정수 배열입니다.
- lottos의 모든 원소는 0 이상 45 이하인 정수입니다.
  - 0은 알아볼 수 없는 숫자를 의미합니다.
  - 0을 제외한 다른 숫자들은 lottos에 2개 이상 담겨 있지 않습니다.
  - lottos의 원소들은 정렬되어 있지 않을 수도 있습니다.
- win_nums는 길이 6인 정수 배열입니다.
- win_nums의 모든 원소는 1 이상 45 이하인 정수입니다.

– win_nums에는 같은 숫자가 2개 이상 담겨 있지 않습니다.
– win_nums의 원소들은 정렬되어 있지 않을 수도 있습니다.

입출력의 예

lottos	win_nums	result
[44, 1, 0, 0, 31, 25]	[31, 10, 45, 1, 6, 19]	[3, 5]
[0, 0, 0, 0, 0, 0]	[38, 19, 20, 40, 15, 25]	[1, 6]
[45, 4, 35, 20, 3, 9]	[20, 9, 3, 45, 4, 35]	[1, 1]

입출력 예 설명

┃ 입출력 예 #1 ┃

문제 예시와 같습니다.

┃ 입출력 예 #2 ┃

알아볼 수 없는 번호들이 아래와 같았다면, 1등과 6등에 당첨될 수 있습니다.

당첨 번호	38	19	20	40	15	25	결과
최고 순위 번호	0→**38**	0→**19**	0→**20**	0→**40**	0→**15**	0→**25**	6개 번호 일치, 1등
최저 순위 번호	0→21	0→22	0→23	0→24	0→26	0→27	0개 번호 일치, 6등

┃ 입출력 예 #3 ┃

민우가 구매한 로또의 번호와 당첨 번호가 모두 일치하므로, 최고 순위와 최저 순위는 모두 1등입니다.

```
def solution(lottos, win_nums):
    unknown = 0
    win = 0
    for num in lottos:
        if not num:
            unknown += 1
        elif num in win_nums:
            win += 1

    stand = [6, 6, 5, 4, 3, 2, 1]
    return [stand[win + unknown], stand[win]]
```

이 문제의 핵심은 숫자를 몇 개 맞추느냐에 따라서 등수가 정해진다는 것입니다. 그래서 모르는 숫자의 개수와 맞춘 숫자의 개수를 먼저 세어줍니다. 숫자가 0이면 모르는 숫자이므로 unknown을 1 증가시키고, 숫자가 win_nums의 원소 중 하나라면 win을 1 증가시킵니다. 여기서 두 가지 경우를 생각할 수 있습니다.

1. 모르는 숫자들이 모두 로또 번호와 일치하는 경우
2. 모르는 숫자들이 모두 로또 번호가 일치하지 않는 경우

만일 1번의 경우라면, 이미 맞춘 숫자 개수와 모르는 숫자의 개수를 더하면 가장 높은 순위를 구할 수 있습니다. 즉, win + unknown입니다. 반대로 2번의 경우라면 이미 맞춘 숫자만 가지고 등수가 결정됩니다. 이 경우는 win이 총 맞춘 숫자의 개수입니다. 예를 들어, 주어진 숫자와 로또 번호가 다음과 같다고 생각해 보겠습니다.

```
lottos = [44, 1, 0, 0, 31 25]
win_nums = [31, 10, 45, 1, 6, 19]
```

모르는 숫자의 개수는 0이 총 2번 등장하므로 unknown = 2입니다. 맞춘 숫자의 개수는 1과 31이 로또 번호와 일치하므로 win = 2입니다. 따라서 1번의 경우는 맞춘 숫자가 4개, 2번 경우는 2개가 됩니다.

이제는 맞춘 숫자에 따라 등수를 표시한 stand 리스트를 만들어 보겠습니다. 숫자를 한 개도 못 맞춘 경우부터, 모든 숫자를 맞춘 경우까지 총 7가지의 경우가 있으므로 stand = [6, 6, 5, 4, 3, 2, 1]와 같이 정의합니다. 이제 1, 2번 경우의 맞춘 숫자를 stand 리스트의 인덱스로 사용하면 최고 순위과 최저 순위를 구할 수 있습니다. 앞의 예시로 돌아가 보면, 1번 경우가 4개, 2번 경우가 2개였으므로 stand[4] 가 최대 순위, stand[2] 가 최저 순위입니다. 따라서 최고 순위는 3등이고 최저 순위는 5등입니다.

02

선형 자료구조

01 배열/리스트

배열(Array)

배열 자료형은 모든 프로그래밍 언어에서 사용하는 가장 기본적인 자료형으로, 여러 개의 값을
저장하기 위해 사용합니다.

컴퓨터의 메모리

메모리란 컴퓨터 프로그램이 데이터를 저장하는 공간입니다. 파이썬에서 변수를 선언하면 이
변수에 할당된 값이 메모리에 저장됩니다. 예를 들어, `int` 형 데이터를 저장하기 위해서는 메모
리에서 4바이트(byte)의 공간이 필요합니다. 그러면 다음과 같이 시작 주소 **1000**부터 **1003**까
지의 공간에 데이터를 저장하게 됩니다.

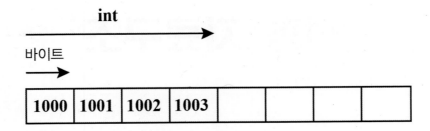

배열을 메모리에 저장하기

만일 이와 같은 정수형 자료를 n개 저장하고 싶다면, 뒤에 이어서 4바이트만큼의 메모리를 사용
해 데이터를 입력하면 됩니다. 여기서 주의해야 하는 점은, 배열은 처음에 "어떤 자료형의 데이
터"를 담을지와 "데이터의 길이"가 주어져야 합니다. 즉, 한번 배열을 선언하게 되면 담긴 자료
형과 길이를 바꿀 수 없습니다.

> **Clear Comment**
> 배열은 C++, Java, Javascript 등의 언어에서 주로 사용하는 자료형으로, 데이터를 효율적으로 담을 수 있기 때문에 자
> 주 사용됩니다.

리스트(list)

하지만 파이썬에서는 배열 대신 훨씬 유연한 자료형인 리스트를 사용합니다. 리스트는 자료형에 담을 수 있는 데이터의 개수를 미리 정해두지 않아도 되기 때문에 배열에 비해 훨씬 편리합니다. 따라서 파이썬으로 배열 문제를 풀게 되면 다른 언어에 비해서 쉽게 문제를 풀 수 있는 경우가 많습니다. 여기에서는 리스트를 사용할 때 알아두면 좋은 몇 가지 문법을 소개하겠습니다.

Quick Tip

반드시 배열을 사용해야 한다면, numpy 라이브러리의 np.array 타입으로 사용할 수 있습니다. 하지만 코딩테스트에서 넘파이를 사용하지 못하는 경우가 훨씬 많기 때문에 가급적 사용하지 않는 것이 좋습니다.

for 루프

enumerate

다음과 같이 학생 이름을 담고 있는 리스트 **students** 를 만들었습니다.

```
students = ["james", "cameron", "mellon", "indo", "buzzi"]
```

만일 학생 이름과 함께 인덱스를 출력하고 싶으면 어떻게 하면 될까요? 인덱스를 나타내는 변수 **idx**를 만들고 **for** 루프를 반복할 때마다 인덱스를 1씩 증가시키면 됩니다.

```
idx = 0
for student in students:
    print(idx, student)
    idx += 1  # idx = idx + 1
```

실행 결과

```
0 james
1 cameron
2 mellon
3 indo
4 buzzi
```

그런데 파이썬에서는 더 간결하게 인덱스를 출력할 수 있습니다.

```
for idx, student in enumerate(students):
    print(idx, student)
```

```
0 james
1 cameron
2 mellon
3 indo
4 buzzi
```

enumerate를 사용하면 매 iteration마다 인덱스가 자동으로 증가합니다. 원래 5줄의 코드이던 것을 3줄로 줄였고 훨씬 읽기 편해졌습니다.

zip

zip은 리스트, 튜플, 딕셔너리 등을 묶어주는 함수입니다.

```python
courses = ("math", "history", "korean")
scores = [100, 10, 60, 40]
kor_courses = ["수학", "역사", "국어"]

for course, score, kor_course in zip(courses, scores, kor_courses):
    print(course, score, kor_course)
```

```
math 100 수학
history 10 역사
korean 60 국어
```

인덱스 0부터 같은 인덱스의 원소들을 순서대로 반복합니다. 만일 자료형의 길이가 서로 다르다면 가장 짧은 쪽에 맞추어 원소를 출력해줍니다.

컴프리헨션(comprehension)

컴프리헨션이란, 한 이터러블 또는 이터레이터로부터 리스트, 딕셔너리, 셋을 만드는 문법입니다. 여기서는 자주 사용되는 리스트와 딕셔너리 컴프리헨션에 대해서 배워보겠습니다.

리스트 컴프리헨션

range로부터 0부터 18까지 짝수가 담긴 리스트는 다음과 같이 만들 수 있습니다.

```
arr = []
for i in range(10):
    arr.append(i * 2)

print(arr) # [0, 2, 4, 6, 8, 10, 12, 14, 16, 18]
```

그런데 리스트 컴프리헨션을 쓰면 다음과 같이 간결하게 작성이 가능합니다.

```
arr = [i * 2 for i in range(10)]
print(arr) # [0, 2, 4, 6, 8, 10, 12, 14, 16, 18]
```

리스트 컴프리헨션의 문법은 다음과 같습니다.

```
[ ( 변수를 활용한 계산식 ) for ( 변수 ) in ( iterable ) ]
```

응용

리스트 컴프리헨션에 `if` 문을 달아 조건을 추가할 수 있습니다. 계산식이 `if` 문의 조건을 만족하는 경우만 결과 리스트에 담기게 됩니다.

```
arr = [n for n in range(10) if n % 2 == 0]

print(arr) # [0, 2, 4, 6, 8]
```

위 코드를 다시 append 문으로 바꾸면 아래와 같습니다.

```
arr = []
for n in range(10):
    if n % 2 == 0:
        arr.append(n)
arr
```

리스트 컴프리헨션을 다중으로(nested) 사용할 수도 있습니다.

```
matrix = [[1, 2, 3], [4, 5], [6, 7, 8, 9]]
flatten_matrix = [val for sublist in matrix for val in sublist]

print(flatten_matrix) # [1, 2, 3, 4, 5, 6, 7, 8, 9]
```

위 리스트 컴프리헨션은 아래 코드와 완전히 동일합니다.

```
flatten_matrix = []
for sublist in matrix:
    for val in sublist:
        flatten_matrix.append(val)
```

비슷한 방법으로 중첩된 리스트를 만들 수도 있습니다.

```
arr = [[n for n in range(m + 1)] for m in range(3)]

print(arr)  # [[0], [0, 1], [0, 1, 2]]
```

리스트 컴프리헨션을 다시 for 루프로 바꿀 수 있습니다.

```
arr = []
for m in range(3):
    arr.append([n for n in range(m + 1)])
print(arr)

# [[0], [0, 1], [0, 1, 2]]
```

그런데 여기서도 리스트 컴프리헨션이 또 들어가기 때문에 한 번 더 바꿔주면 최종적으로 다음과 같습니다.

```
arr = []
for m in range(3):
    temp = []
    for n in range(m + 1):
        temp.append(n)
    arr.append(temp)
print(arr)
```

딕셔너리 컴프리헨션

리스트와 마찬가지로 딕셔너리도 다른 이터러블 또는 이터레이터로부터 만들 수 있습니다.

```
students = ["james", "cameron", "mellon", "indo", "buzzi"]

class_info = {idx: student for idx, student in enumerate(students)}
class_info
```

실행 결과
```
{0: 'james', 1: 'cameron', 2: 'mellon', 3: 'indo', 4: 'buzzi'}
```

컴프리헨션을 입력받는 함수

● sum : 입력받은 값의 합계를 구합니다.

```
>>> sum(num for num in range(1, 4))
6
```

● max : 입력받은 값의 최댓값을 구합니다.

```
>>> max(num for num in range(1, 4))
3
```

● min : 입력받은 값의 최솟값을 구합니다.

```
>>> min(num for num in range(1, 4))
1
```

● all : 모든 값이 True라면 결과로 True가 나오고, 하나라도 False가 있다면 결과는 False 입니다.

```
>>> all(num < 4 for num in range(1, 4))
True

>>> all(num % 2 == 0 for num in range(1, 4))
False
```

● **any** : 어느 하나라도 **True**가 존재한다면 결과가 **True**이고, 아니면 **False**입니다.

```
>>> any(num % 2 == 0 for num in range(1, 4))
True
>>> all(num == 4 for num in range(1, 4))
False
```

● **sorted** : 입력받은 값들을 오름차순으로 정렬합니다.

```
>>> nums = [4, 3, 2]
>>> sorted(num for num in nums)
[2, 3, 4]
```

컴프리헨션이 가장 빠르다

리스트는 내부적으로 C 배열(array)로 구현되어 있습니다. 따라서 길이가 일정 크기보다 커질 때마다 더 큰 크기의 메모리를 할당해야 합니다. 이때 더 큰 메모리 공간으로 이전 값들을 복사하는 과정이 필요하고 여기서 시간이 오래 소요됩니다. 리스트 컴프리헨션을 사용하면 처음부터 리스트 길이를 알 수 있기 때문에 더 빠르게 리스트를 만드는 것이 가능합니다. 다음 예제에서는 비어 있는 리스트에 값을 추가하는 방법, **map**과 **lambda**를 사용하는 방법을 리스트 컴프리헨션과 비교합니다.

```
import time

N = 10_000_000

start = time.time()

nums = []
for num in range(N):
    nums.append(num)
print(f"Elapsed: {time.time() - start : .2f}sec")

start = time.time()
nums = list(map(lambda num: num, range(N)))
print(f"Elapsed: {time.time() - start : .2f}sec")
```

```
start = time.time()
nums = [num for num in range(N)]
print(f"Elapsed: {time.time() - start : .2f}sec")
```

실행 결과

```
Elapsed:  1.71sec
Elapsed:  1.39sec
Elapsed:  0.57sec
```

map과 lambda로 코드를 짜는 경우는 거의 대부분 리스트 컴프리헨션을 대신 사용하는 것이 가능합니다. lambda 함수를 호출할 때 메모리 공간이 새로 할당하는데 이 과정에서 시간이 소요됩니다. 따라서 계산식에서 다음과 같이 별도의 함수를 호출하는 것이 필요하지 않다면, 리스트 컴프리헨션을 사용하는 것이 더 빠릅니다.

```
import time
from math import sqrt


N = 10_000_000

start = time.time()
nums = list(map(sqrt, range(N)))
print(f"Elapsed: {time.time() - start : .2f}sec")

start = time.time()
nums = [sqrt(num) for num in range(N)]
print(f"Elapsed: {time.time() - start : .2f}sec")
```

실행 결과

```
Elapsed:  1.21sec
Elapsed:  1.53sec
```

문제 1 잘라서 배열로 저장하기 레벨 0

문제 설명

문자열 my_str과 n이 매개변수로 주어질 때, my_str을 길이 n씩 잘라서 저장한 배열을 return하도록 solution 함수를 완성해 주세요.

제한 사항

- 1 ≤ my_str의 길이 ≤ 100
- 1 ≤ n ≤ my_str의 길이
- my_str은 알파벳 소문자, 대문자, 숫자로 이루어져 있습니다.

입출력의 예

my_str	n	result
"abc1Addfggg4556b"	6	["abc1Ad", "dfggg4", "556b"]
"abcdef123"	3	["abc", "def", "123"]

입출력 예 설명

▎입출력 예 #1 ▎

"abc1Addfggg4556b"를 길이 6씩 잘라 배열에 저장한 ["abc1Ad", "dfggg4", "556b"]를 return해야 합니다.

▎입출력 예 #2 ▎

"abcdef123"를 길이 3씩 잘라 배열에 저장한 ["abc", "def", "123"]를 return해야 합니다.

유의사항

입출력 예 #1의 경우 "abc1Addfggg4556b"를 길이 6씩 자르면 "abc1Ad", "dfggg4" 두 개와 마지막 "556b"가 남습니다. 이런 경우 남은 문자열을 그대로 배열에 저장합니다.

```python
def solution(my_str, n):
    result = []
    index = 0
    while index < len(my_str):
        result.append(my_str[index:index+n])
        index += n
    return result
```

이 문제는 문자열을 길이 n만큼 잘라서 각각을 리스트에 추가하는 것입니다. 예를 들어, 문자열이 my_str = "123456"이고, n = 2라면 총 3개로 문자열을 나눌 수 있습니다. 나누기 위해서 인덱스를 계산해보면 다음과 같습니다.

```
0~1, 2~3, 4~5
```

이 인덱스를 사용해 문자열을 나누면 다음과 같습니다.

```
my_str[0:2] -> "12"
my_str[2:4] -> "34"
my_str[4:6] -> "56"
```

즉, 우리가 구해야 하는 것은 문자열을 자르기 위한 시작 인덱스와 끝 인덱스입니다. 가장 앞에서부터 문자를 길이 n으로 자르기 위해 index = 0으로 설정하고, 잘린 문자열을 my_str[index:index+n]로 구합니다. 그 다음, 다음 시작 인덱스를 n만큼 증가시킵니다. 이 과정을 전체 문자열에 대해서 반복하면 됩니다.

풀이 **2**

```python
def solution(my_str, n):
    return [my_str[i : i + n] for i in range(0, len(my_str), n)]
```

풀이 1과 같은 아이디어지만, for 루프, 즉 리스트 컴프리헨션으로 구현한 풀이입니다. 시작 인덱스를 0부터 n만큼 증가시키는 것은 똑같은데, 인덱스가 len(my_str)을 넘지 않도록 range 함수를 사용한 것이 차이점입니다. 완전히 같은 방식으로 풀 수 있는 문제인 "2차원으로 만들기"도 함께 풀어보세요.

2차원으로 만들기 레벨 0

문제 설명

정수 배열 num_list와 정수 n이 매개변수로 주어집니다. num_list를 다음 설명과 같이 2차원 배열로 바꿔 return 하도록 solution 함수를 완성해 주세요.

num_list가 [1, 2, 3, 4, 5, 6, 7, 8]로 길이가 8이고 n이 2이므로 num_list를 2 * 4 배열로 다음과 같이 변경합니다. 2차원 으로 바꿀 때에는 num_list의 원소들을 앞에서부터 n개씩 나눠 2차원 배열로 변경합니다.

num_list	n	result
[1, 2, 3, 4, 5, 6, 7, 8]	2	[[1, 2], [3, 4], [5, 6], [7, 8]]

제한 사항

- num_list의 길이는 n의 배수 개입니다.
- 0 ≤ num_list의 길이 ≤ 150
- 2 ≤ n < num_list의 길이

입출력의 예

num_list	n	result
[1, 2, 3, 4, 5, 6, 7, 8]	2	[[1, 2], [3, 4], [5, 6], [7, 8]]
[100, 95, 2, 4, 5, 6, 18, 33, 948]	3	[[100, 95, 2], [4, 5, 6], [18, 33, 948]]

입출력 예 설명

▌입출력 예 #1 ▌

num_list가 [1, 2, 3, 4, 5, 6, 7, 8]로 길이가 8이고 n이 2이므로 2 * 4 배열로 변경한 [[1, 2], [3, 4], [5, 6], [7, 8]]을 return 합니다.

▌입출력 예 #2 ▌

num_list가 [100, 95, 2, 4, 5, 6, 18, 33, 948]로 길이가 9이고 n이 3이므로 3 * 3 배열로 변경한 [[100, 95, 2], [4, 5, 6], [18, 33, 948]]을 return합니다.

문제 ❷   7의 개수 레벨 0

문제 설명

머쓱이는 행운의 숫자 7을 가장 좋아합니다. 정수 배열 array가 매개변수로 주어질 때, 7이 총 몇 개 있는지 return하도록 solution 함수를 완성해보세요.

제한 사항

- 1 ≤ array의 길이 ≤ 100
- 0 ≤ array의 원소 ≤ 100,000

입출력의 예

array	result
[7, 77, 17]	4
[10, 29]	0

입출력 예 설명

∥ 입출력 예 #1 ∥

[7, 77, 17]에는 7이 4개 있으므로 4를 return합니다.

∥ 입출력 예 #2 ∥

[10, 29]에는 7이 없으므로 0을 return합니다.

풀이 **1**

```python
def solution(array):
    count = 0
    for num in array:
        for char in str(num):
            if char == "7":
                count += 1
    return count
```

이 문제는 정수로 구성된 배열 **array**의 모든 원소 중에서 "7"이 등장하는 숫자를 세는 문제입니다. 예를 들어, **[7, 77, 17]**과 같은 경우, 7에서 1번, 77에서 2번, 17에서 1번으로 총 4번이 등장합니다. 가장 간단한 아이디어는 모든 원소를 문자열로 바꾼 다음, 7이 등장하는 횟수를 세어 전부 더하는 방식입니다.

풀이 **2**

```python
def solution(array):
    return sum(str(num).count("7") for num in array)
```

앞에서 배운 **sum**과 컴프리헨션을 사용해 한 줄로 정답을 구할 수 있습니다.

문제 3 가장 큰 수 찾기 레벨 0

문제 설명

정수 배열 array가 매개변수로 주어질 때, 가장 큰 수와 그 수의 인덱스를 담은 배열을 return하도록 solution 함수를 완성해보세요.

제한 사항

- 1 ≤ array의 길이 ≤ 100
- 0 ≤ array 원소 ≤ 1,000
- array에 중복된 숫자는 없습니다.

입출력의 예

array	result
[1, 8, 3]	[8, 1]
[9, 10, 11, 8]	[11, 2]

입출력 예 설명

▮ 입출력 예 #1 ▮

1, 8, 3 중 가장 큰 수는 8이고 인덱스 1에 있습니다.

▮ 입출력 예 #2 ▮

9, 10, 11, 8 중 가장 큰 수는 11이고 인덱스 2에 있습니다.

```
def solution(array):
    largest = max(array)
    return [largest, array.index(largest)]
```

가장 간단한 풀이는 **max** 함수를 사용해 최댓값을 구한 후, 최댓값의 인덱스를 리스트에서 찾는 방법입니다. 하지만 이 방법은 최댓값을 찾는 데 시간복잡도 $O(n)$이, 리스트에서 해당 값의 인덱스를 찾는 데 $O(n)$이 소요됩니다. 만일 n이 굉장히 크다면 문제에 따라 시간 초과가 발생할 수 있습니다. 그렇기 때문에 **max**와 **count**를 쓰지 않고 최댓값과 최댓값의 인덱스를 구하는 방법을 알아두어야 합니다.

```
def solution(array):
    largest = 0
    index = None
    for idx, num in enumerate(array):
        if num > largest:
            largest = num
            index = idx
    return [largest, index]
```

이 풀이는 **enumerate**를 사용해 인덱스와 원소를 순서대로 꺼냅니다. 원소 **num**이 기존에 저장해둔 값 **largest**보다 크다면 **num**을 새로운 최댓값으로 만들고, 현재의 인덱스 **idx**를 **index**에 저장합니다. 이 과정을 반복하고 나면 최댓값과 최댓값의 인덱스를 구할 수 있습니다. 이때 문제의 조건에서 **array**의 원소의 범위가 $0 \leq$ **array** 원소 $\leq 1,000$로 주어졌기 때문에 최솟값을 0으로 설정했습니다. 대부분의 상황에서는 가장 작은 실수값을 만들기 위해서 **-float('inf')**를 사용할 수 있습니다.

```
>>> -float('inf') < -1
True
```

만일 모든 수보다 큰 값을 만들고 싶다면 **float('inf')**를 사용합니다.

```
>>> 100_000_000 < float('inf')
True
```

....

풀이 3

```
def solution(array):
    val, index = list(sorted(enumerate(array), key=lambda x: x[1])[-1])
    return index, val
```

이 문제는 정렬로도 풀 수 있습니다. **sorted** 함수의 자세한 활용법은 정렬 알고리즘 챕터에서
다루겠습니다.

문제 4 모의고사 레벨 1

문제 설명

수포자는 수학을 포기한 사람의 준말입니다. 수포자 삼인방은 모의고사에 수학 문제를 전부 찍으려 합니다. 수포자는 1번 문제부터 마지막 문제까지 다음과 같이 찍습니다.

- 1번 수포자가 찍는 방식: 1, 2, 3, 4, 5, 1, 2, 3, 4, 5, ...
- 2번 수포자가 찍는 방식: 2, 1, 2, 3, 2, 4, 2, 5, 2, 1, 2, 3, 2, 4, 2, 5, ...
- 3번 수포자가 찍는 방식: 3, 3, 1, 1, 2, 2, 4, 4, 5, 5, 3, 3, 1, 1, 2, 2, 4, 4, 5, 5, ...

1번 문제부터 마지막 문제까지의 정답이 순서대로 들은 배열 answers가 주어졌을 때, 가장 많은 문제를 맞힌 사람이 누구인지 배열에 담아 return하도록 solution 함수를 작성해 주세요.

제한 사항

- 시험은 최대 10,000문제로 구성되어 있습니다.
- 문제의 정답은 1, 2, 3, 4, 5 중 하나입니다.
- 가장 높은 점수를 받은 사람이 여럿일 경우, return하는 값을 오름차순 정렬해 주세요.

입출력의 예

answers	return
[1,2,3,4,5]	[1]
[1,3,2,4,2]	[1,2,3]

입출력 예 설명

❚ 입출력 예 #1 ❚

- 수포자 1은 모든 문제를 맞혔습니다.
- 수포자 2는 모든 문제를 틀렸습니다.
- 수포자 3은 모든 문제를 틀렸습니다.

따라서 가장 문제를 많이 맞힌 사람은 수포자 1입니다.

❚ 입출력 예 #2 ❚

모든 사람이 2문제씩을 맞췄습니다.

```
def solution(answers):
    answer_types = [
        [1, 2, 3, 4, 5],
        [2, 1, 2, 3, 2, 4, 2, 5],
        [3, 3, 1, 1, 2, 2, 4, 4, 5, 5],
    ]

    scores = [0, 0, 0]
    for type_idx, ans_type in enumerate(answer_types):
        for idx, ans in enumerate(answers):
            if ans == ans_type[idx % len(ans_type)]:
                scores[type_idx] += 1

    return [idx + 1 for idx, score in enumerate(scores) if score == max(scores)]
```

먼저 각 답안 유형을 나타내는 **answer_types** 리스트를 정의합니다. 각 답안 유형에 대해 하나씩 3개의 0으로 **scores**를 초기화한 후, **answer_types**를 반복하여 각 답안 유형을 하나씩 선택합니다. 그런 다음, **answers**의 현재 답이 현재 답안 유형의 해당 요소와 동일한지 확인합니다. 이때 답안 유형이 전체 **answers**에서 반복되어야 하기 때문에 인덱스를 **idx % len(ans_type)**로 계산해 주어야 합니다. 두 값이 일치한다면 해당 답안 유형에 대한 **scores**가 1씩 증가합니다. 모든 점수가 계산된 후 가장 높은 점수를 받은 답안 유형의 인덱스를 구합니다. 일치하는 항목이 있으면 인덱스로부터 순서를 만들기 위해 값에 1을 더해 주면 됩니다.

문제 5　행렬의 덧셈 레벨 1

문제 설명

행렬의 덧셈은 행과 열의 크기가 같은 두 행렬의 같은 행, 같은 열의 값을 서로 더한 결과가 됩니다. 2개의 행렬 arr1과 arr2를 입력받아, 행렬 덧셈의 결과를 반환하는 함수, solution을 완성해 주세요.

제한 조건

행렬 arr1, arr2의 행과 열의 길이는 500을 넘지 않습니다.

입출력의 예

arr1	arr2	return
[[1, 2], [2, 3]]	[[3, 4], [5, 6]]	[[4, 6], [7, 9]]
[[1], [2]]	[[3], [4]]	[[4], [6]]

```python
def solution(arr1, arr2):
    answer = [[0] * len(arr1[0]) for _ in range(len(arr1))]
    for i in range(len(arr1)):
        for j in range(len(arr1[0])):
            answer[i][j] = arr1[i][j] + arr2[i][j]
    return answer
```

행렬의 덧셈은 행과 열의 크기가 같은 두 행렬의 같은 행, 같은 열의 값을 서로 더한 결과가 됩니다. 이 문제를 해결하기 위해서는 두 행렬의 각 원소를 순회하면서 해당 위치의 값을 서로 더하여 새로운 행렬에 저장하면 됩니다. 이를 위해 반복문을 사용하여 코드를 작성할 수 있습니다.

```python
def solution(arr1, arr2):
    answer = [[c + d for c, d in zip(a, b)] for a, b in zip(arr1, arr2)]
    return answer
```

zip 함수를 사용하면 더 간단히 풀 수 있습니다.

문제 ⑥   바탕화면 정리 레벨 1

문제 설명

코딩테스트를 준비하는 머쓱이는 프로그래머스에서 문제를 풀고 나중에 다시 코드를 보면서 공부하려고 작성한 코드를 컴퓨터 바탕화면에 아무 위치에나 저장해 둡니다. 저장한 코드가 많아지면서 머쓱이는 본인의 컴퓨터 바탕화면이 너무 지저분하다고 생각했습니다. 프로그래머스에서 작성했던 코드는 그 문제에 가서 다시 볼 수 있기 때문에 저장해 둔 파일들을 전부 삭제하기로 했습니다.

컴퓨터 바탕화면은 각 칸이 정사각형인 격자판입니다. 이때 컴퓨터 바탕화면의 상태를 나타낸 문자열 배열 wallpaper가 주어집니다. 파일들은 바탕화면의 격자칸에 위치하고 바탕화면의 격자점들은 바탕화면의 가장 왼쪽 위를 (0, 0)으로 시작해 (세로 좌표, 가로 좌표)로 표현합니다. 빈칸은 ".", 파일이 있는 칸은 "#"의 값을 가집니다. 드래그를 하면 파일들을 선택할 수 있고, 선택된 파일들을 삭제할 수 있습니다. 머쓱이는 최소한의 이동거리를 갖는 한 번의 드래그로 모든 파일을 선택해서 한 번에 지우려고 하며 드래그로 파일들을 선택하는 방법은 다음과 같습니다.

- 드래그는 바탕화면의 격자점 S(lux, luy)를 마우스 왼쪽 버튼으로 클릭한 상태로 격자점 E(rdx, rdy)로 이동한 뒤 마우스 왼쪽 버튼을 떼는 행동입니다. 이때, "점 S에서 점 E로 드래그한다"고 표현하고 점 S와 점 E를 각각 드래그의 시작점, 끝점이라고 표현합니다.
- 점 S(lux, luy)에서 점 E(rdx, rdy)로 드래그를 할 때, "드래그 한 거리"는 |rdx − lux| + |rdy − luy|로 정의합니다.
- 점 S에서 점 E로 드래그를 하면 바탕화면에서 두 격자점을 각각 왼쪽 위, 오른쪽 아래로 하는 직사각형 내부에 있는 모든 파일이 선택됩니다.

예를 들어, wallpaper = [".#...", "..#..", "...#."]인 바탕화면을 그림으로 나타내면 다음과 같습니다.

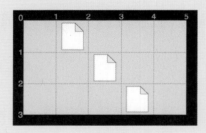

이러한 바탕화면에서 다음 그림과 같이 S(0, 1)에서 E(3, 4)로 드래그하면 세 개의 파일이 모두 선택되므로 드래그한 거리 (3 − 0) + (4 − 1) = 6을 최솟값으로 모든 파일을 선택 가능합니다.

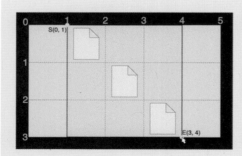

(0, 0)에서 (3, 5)로 드래그해도 모든 파일을 선택할 수 있지만 이때 드래그한 거리는 (3 − 0) + (5 − 0) = 8이고 이전의 방법보다 거리가 늘어납니다.

머쓱이의 컴퓨터 바탕화면의 상태를 나타내는 문자열 배열 wallpaper가 매개변수로 주어질 때 바탕화면의 파일들을 한 번에 삭제하기 위해 최소한의 이동거리를 갖는 드래그의 시작점과 끝점을 담은 정수 배열을 return하는 solution 함수를 작성해 주세요. 드래그의 시작점이 (lux, luy), 끝점이 (rdx, rdy)라면 정수 배열 [lux, luy, rdx, rdy]를 return하면 됩니다.

제한 사항

- 1 ≤ wallpaper의 길이 ≤ 50
- 1 ≤ wallpaper[i]의 길이 ≤ 50
  - wallpaper의 모든 원소의 길이는 동일합니다.
- wallpaper[i][j]는 바탕화면에서 i + 1행 j + 1열에 해당하는 칸의 상태를 나타냅니다.
- wallpaper[i][j]는 "#" 또는 "."의 값만 가집니다.
- 바탕화면에는 적어도 하나의 파일이 있습니다.
- 드래그 시작점 (lux, luy)와 끝점 (rdx, rdy)는 lux < rdx, luy < rdy를 만족해야 합니다.

입출력의 예

wallpaper	result
[".#...", "..#..", "...#."]	[0, 1, 3, 4]
["..........", "....#....", ".....##..", "...##.....", "....#....."]	[1, 3, 5, 8]
[".##...##.", "#..#.#..#", "#...#..#.", "#.....#..", "..#..#..", "...##...", "....#...."]	[0, 0, 7, 9]
["..", "#."]	[1, 0, 2, 1]

입출력 예 설명

▌입출력 예 #1▐

문제 설명의 예시와 같은 예제입니다. (0, 1)에서 (3, 4)로 드래그하면 모든 파일을 선택할 수 있고 드래그한 거리는 6이었고, 6보다 적은 거리로 모든 파일을 선택하는 방법은 없습니다. 따라서 [0, 1, 3, 4]를 return합니다.

▌입출력 예 #2▐

예제 2번의 바탕화면은 다음과 같습니다.

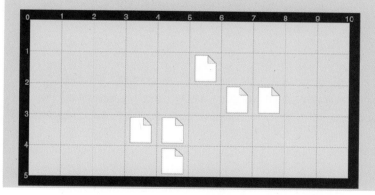

(1, 3)에서 (5, 8)로 드래그하면 모든 파일을 선택할 수 있고 이보다 적은 이동거리로 모든 파일을 선택하는 방법은 없습니다. 따라서 가장 적은 이동의 드래그로 모든 파일을 선택하는 방법인 [1, 3, 5, 8]을 return합니다.

▮ 입출력 예 #3 ▮

예제 3번의 바탕화면은 다음과 같습니다.

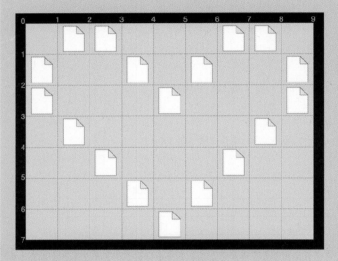

모든 파일을 선택하기 위해선 바탕화면의 가장 왼쪽 위 (0, 0)에서 가장 오른쪽 아래 (7, 9)로 드래그해야만 합니다. 따라서 [0, 0, 7, 9]를 return합니다.

▮ 입출력 예 #4 ▮

예제 4번의 바탕화면은 다음과 같이 2행 1열에만 아이콘이 있습니다.

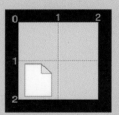

이를 드래그로 선택하기 위해서는 그 칸의 왼쪽 위 (1, 0)에서 오른쪽 아래 (2, 1)로 드래그하면 됩니다. (1, 0)에서 (2, 2)로 드래그해도 아이콘을 선택할 수 있지만 이전보다 이동거리가 늘어납니다. 따라서 [1, 0, 2, 1]을 return합니다.

```
def solution(wall):
    x, y = [], []
    for i in range(len(wall)):
        for j in range(len(wall[i])):
            if wall[i][j] == "#":
                x.append(i)
                y.append(j)
    return [min(x), min(y), max(x) + 1, max(y) + 1]
```

핵심 아이디어는 "한 번의 드래그로 모든 파일을 선택"이라는 말입니다. 다시 말해, 가장 왼쪽 위에 위치한 파일부터 가장 오른쪽 아래에 위치한 파일까지를 모두 선택할 수 있는 영역입니다. 결국 가장 왼쪽 위의 파일의 위치와 가장 오른쪽 아래의 파일 위치를 찾으면 됩니다.

바탕화면을 나타내는 **wall**의 x축, y축을 이중 for문으로 반복하면서 원소의 값이 **"#"**인 경우의 x, y 좌표를 기록합니다. 모든 영역을 탐색한 후 x, y의 최솟값과 최댓값이 영역의 시작점과 끝점이 됩니다. 이때 파일의 오른쪽 아래 부분의 좌표를 리턴해야 하므로 x, y의 최댓값에 각각 1씩을 더해 주어야 합니다.

02 딕셔너리(해시맵)

개념 설명

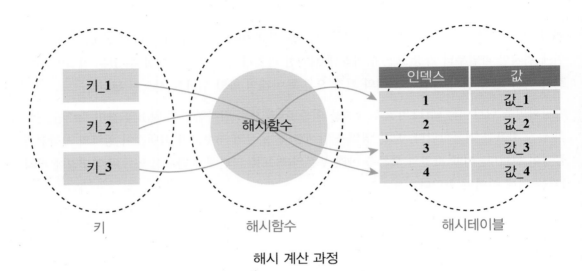

해시 계산 과정

해시란 입력으로 들어오는 값인 키(Key)를 어떤 값으로 변환한 결과입니다. 이렇게 변환된 해시는 해시 맵에 "키 : 해시"처럼 쌍으로 저장됩니다. 해시 맵은 키와 해시를 저장하는 표라고 생각하면 됩니다. 이렇게 해시로 키를 변환해서 저장하게 되면, 동일한 키에 대해서 결과값을 빠르게 찾을 수 있기 장점이 생깁니다. 이때 키를 해시로 변환하는 데 사용되는 함수를 해시 함수라고 부릅니다. 해시 함수는 입력값에 대해 결과값이 유일하다는 특징을 가지고 있습니다. 간단한 해시 함수 예제로 다음과 같은 함수를 생각해 봅시다.

$$f(x) = x^2 + x + 1$$

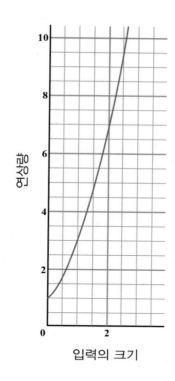

이 함수의 입력이 자연수라고 할 때, 결과값은 절대 같은 값이 나올 수 없습니다. 왜냐하면 x가 0보다 큰 영역에서는 값이 계속 증가하기만 하기 때문입니다. 따라서 이 함수는 입력이 0보다 큰 수라고 할 때 해시함수로 사용할 수 있습니다.

파이썬에서의 해시 함수

dictionary

파이썬에서의 해시 함수는 딕셔너리로 구현되어 있습니다.

```
dictionary = {"key":"value"}
```

defaultdict

딕셔너리는 존재하지 않는 키를 참조하려고 하면 에러가 발생하기 때문에, 키를 참조하기 전에 키가 존재하는지를 미리 확인해야만 합니다.

```
temp = {"this":"yes"}
if "this" in temp:
    print(temp["this"])
```

코딩테스트에서 이런 작업을 매번 해 주는 것이 매우 번거롭기 때문에, 키가 존재하지 않더라도 기본값을 넣어줄 수 있는 **defaultdict**를 사용하면 편리합니다. 다음과 같이 **collections** 라이브러리에서 모듈을 불러옵니다.

```
from collections import defaultdict
```

defaultdict는 타입을 입력으로 받고 해당 타입의 기본값을 존재하지 않는 키의 기본값으로 사용합니다. 예를 들어, **int**의 경우는 기본값이 0입니다.

```
int_dict = defaultdict(int)
int_dict["a"] += 1
int_dict["b"]
print(int_dict)
```

list 타입의 경우는 비어 있는 리스트를 기본값으로 사용합니다.

```
list_dict = defaultdict(list)
list_dict["a"].append(1)
list_dict["b"]
print(list_dict)
```

dict 타입은 비어 있는 딕셔너리를 기본값으로 사용합니다.

```
dict_dict = defaultdict(dict)
dict_dict["a"]["b"] = 1
dict_dict["c"]
print(dict_dict)
```

실행 결과
```
defaultdict(<class 'dict'>, {'a': {'b': 1}, 'c': {}})
```

Counter

Counter는 딕셔너리처럼 키와 밸류로 구성된 자료형으로, 딕셔너리와 거의 동일하게 사용할 수 있습니다. Counter를 사용하면 원소별로 등장 횟수를 쉽게 셀 수 있습니다. 예를 들어, 다음과 같이 과일이 여러 번 들어 있는 리스트를 생각해 보겠습니다.

```python
fruits = ["orange", "pear", "apple", "apple", "apple", "pear"]
```

이 리스트로부터 각 과일이 몇 번 등장하는지를 딕셔너리를 이용해서 세려면 다음과 같습니다.

```python
count = {}
for fruit in fruits:
    if fruit in count:
        count[fruit] += 1
    else:
        count[fruit] = 1
print(count)
```

실행 결과

```
{'orange': 1, 'pear': 2, 'apple': 3}
```

방금 배운 defaultdict를 사용하면 더 간단합니다.

```python
from collections import defaultdict

count = defaultdict(int)

for fruit in fruits:
    count[fruit] += 1

print(count)
```

하지만 Counter를 사용하면 한 줄로도 가능합니다.

```python
from collections import Counter

count = Counter(fruits)
print(count)
```

이번에는 위에서 만든 딕셔너리 **count**를 빈도순으로 내림차순 정렬한 리스트 **frequency**를 만들어 보겠습니다. 여기서는 **reverse=True**를 써도 되지만 다음과 같이 더 간결하게 작성할 수 있습니다.

```python
frequency = sorted(count.items(), key=lambda x: -x[1])
print(frequency)
```

```
[('apple', 3), ('pear', 2), ('orange', 1)]
```

만일 **Counter**를 쓴다면, 아래와 같이 할 수 있습니다.

```python
count = Counter(fruits)
count.most_common()
```

```
[('apple', 3), ('pear', 2), ('orange', 1)]
```

문제 1   로그인 성공? 레벨 0

문제 설명

머쓱이는 프로그래머스에 로그인하려고 합니다. 머쓱이가 입력한 아이디와 패스워드가 담긴 배열 id_pw와 회원들의 정보가 담긴 2차원 배열 db가 주어질 때, 다음과 같이 로그인 성공, 실패에 따른 메시지를 return하도록 solution 함수를 완성해 주세요.

- 아이디와 비밀번호가 모두 일치하는 회원정보가 있으면 "login"을 return합니다.
- 로그인이 실패했을 때 아이디가 일치하는 회원이 없다면 "fail"를, 아이디는 일치하지만 비밀번호가 일치하는 회원이 없다면 "wrong pw"를 return합니다.

제한 사항

- 회원들의 아이디는 문자열입니다.
- 회원들의 아이디는 알파벳 소문자와 숫자로만 이루어져 있습니다.
- 회원들의 패스워드는 숫자로 구성된 문자열입니다.
- 회원들의 비밀번호는 같을 수 있지만 아이디는 같을 수 없습니다.
- id_pw의 길이는 2입니다.
- id_pw와 db의 원소는 [아이디, 패스워드] 형태입니다.
- 1 ≤ 아이디의 길이 ≤ 15
- 1 ≤ 비밀번호의 길이 ≤ 6
- 1 ≤ db의 길이 ≤ 10
- db의 원소의 길이는 2입니다.

입출력의 예

id_pw	db	result
["meosseugi", "1234"]	[["rardss", "123"], ["yyoom", "1234"], ["meosseugi", "1234"]]	"login"
["programmer01", "15789"]	[["programmer02", "111111"], ["programmer00", "134"], ["programmer01", "1145"]]	"wrong pw"
["rabbit04", "98761"]	[["jaja11", "98761"], ["krong0313", "29440"], ["rabbit00", "111333"]]	"fail"

입출력 예 설명

┃ 입출력 예 #1 ┃

db에 같은 정보의 계정이 있으므로 "login"을 return합니다.

┃ 입출력 예 #2 ┃

db에 아이디는 같지만 패스워드가 다른 계정이 있으므로 "wrong pw"를 return합니다.

┃ 입출력 예 #3 ┃

db에 아이디가 맞는 계정이 없으므로 "fail"을 return합니다.

```python
def solution(id_pw, db):
    wrong = False
    for id, pw in db:
        if id == id_pw[0]:
            wrong = True

            if pw == id_pw[1]:
                return "login"

    return "wrong pw" if wrong else "fail"
```

가장 간단한 아이디어는 **db**를 for 루프로 하나씩 반복하면서, **id**와 **pw**가 모두 일치하면 `login`을 리턴하게 합니다. 만일 **id**만 일치하는 경우라면 **wrong = True**를 통해 이 경우를 처리해줄 수 있습니다. 마지막에 **wrong**이 **True**면 **"wrong pw"**를, 아니라면 **"fail"**을 리턴합니다.

```python
def solution(id_pw, db):
    res = dict(db).get(id_pw[0])
    if res:
        if res == id_pw[1]:
            return "login"
        return "wrong pw"
    return "fail"
```

두 번째 풀이는 리스트를 바로 딕셔너리로 바꾸는 방법입니다. 예를 들어, 다음과 같이 원소를 두 개씩 담은 자료형이 리스트에 들어 있다면 딕셔너리로 바꿀 수 있습니다. 원소는 튜플이 아닌 리스트나 셋과 같은 자료형이어도 가능합니다.

```python
list_for_dict = [("james", 0), ("cameron", 1), ("buzzi", 2)]
dict(list_for_dict)
```

```
{'james': 0, 'cameron': 1, 'buzzi': 2}
```

이를 활용해서 주어진 **db**를 딕셔너리로 바꾸고, 정확한 아이디를 **id_pw[0]**로 찾아서 나온 결과가 해당 아이디의 비밀번호가 됩니다. 나머지 과정은 풀이 1과 동일합니다.

문제 설명

나만의 카카오 성격 유형 검사지를 만들려고 합니다. 성격 유형 검사는 다음과 같은 4개 지표로 성격 유형을 구분합니다. 성격은 각 지표에서 두 유형 중 하나로 결정됩니다.

지표 번호	성격 유형
1번 지표	라이언형(R), 튜브형(T)
2번 지표	콘형(C), 프로도형(F)
3번 지표	제이지형(J), 무지형(M)
4번 지표	어피치형(A), 네오형(N)

4개의 지표가 있으므로 성격 유형은 총 16(=2 x 2 x 2 x 2)가지가 나올 수 있습니다. 예를 들어, "RFMN"이나 "TCMA"와 같은 성격 유형이 있습니다. 검사지에는 총 n개의 질문이 있고, 각 질문에는 아래와 같은 7개의 선택지가 있습니다.

- 매우 비동의
- 비동의
- 약간 비동의
- 모르겠음
- 약간 동의
- 동의
- 매우 동의

각 질문은 1가지 지표로 성격 유형 점수를 판단합니다. 예를 들어, 어떤 한 질문에서 4번 지표로 아래 표처럼 점수를 매길 수 있습니다.

선택지	성격 유형 점수
매우 비동의	네오형 3점
비동의	네오형 2점
약간 비동의	네오형 1점
모르겠음	어떤 성격 유형도 점수를 얻지 않습니다
약간 동의	어피치형 1점
동의	어피치형 2점
매우 동의	어피치형 3점

이때 검사자가 질문에서 약간 동의 선택지를 선택할 경우 어피치형(A) 성격 유형 1점을 받게 됩니다. 만약 검사자가 매우 비동의 선택지를 선택할 경우 네오형(N) 성격 유형 3점을 받게 됩니다. 위 예시처럼 네오형이 비동의, 어피치형이 동의인 경우만 주어지지 않고, 질문에 따라 네오형이 동의, 어피치형이 비동의인 경우도 주어질 수 있습니다. 하지만 각 선택지는 고정적인 크기의 점수를 가지고 있습니다.
- 매우 동의나 매우 비동의 선택지를 선택하면 3점을 얻습니다.

- 동의나 비동의 선택지를 선택하면 2점을 얻습니다.
- 약간 동의나 약간 비동의 선택지를 선택하면 1점을 얻습니다.
- 모르겠음 선택지를 선택하면 점수를 얻지 않습니다.

검사 결과는 모든 질문의 성격 유형 점수를 더하여 각 지표에서 더 높은 점수를 받은 성격 유형이 검사자의 성격 유형이라고 판단합니다. 단, 하나의 지표에서 각 성격 유형 점수가 같으면, 두 성격 유형 중 사전 순으로 빠른 성격 유형을 검사자의 성격 유형이라고 판단합니다. 질문마다 판단하는 지표를 담은 1차원 문자열 배열 survey와 검사자가 각 질문마다 선택한 선택지를 담은 1차원 정수 배열 choices가 매개변수로 주어집니다. 이때, 검사자의 성격 유형 검사 결과를 지표 번호 순서대로 return하도록 solution 함수를 완성해 주세요.

제한 사항

- 1 ≤ survey의 길이 (= n) ≤ 1,000
  - survey의 원소는 "RT", "TR", "FC", "CF", "MJ", "JM", "AN", "NA" 중 하나입니다.
  - survey[i]의 첫 번째 캐릭터는 i+1번 질문의 비동의 관련 선택지를 선택하면 받는 성격 유형을 의미합니다.
  - survey[i]의 두 번째 캐릭터는 i+1번 질문의 동의 관련 선택지를 선택하면 받는 성격 유형을 의미합니다.
- choices의 길이 = survey의 길이
  - choices[i]는 검사자가 선택한 i+1번째 질문의 선택지를 의미합니다.
  - 1 ≤ choices의 원소 ≤ 7

choices	뜻
1	매우 비동의
2	비동의
3	약간 비동의
4	모르겠음
5	약간 동의
6	동의
7	매우 동의

입출력의 예

survey	choices	result
["AN", "CF", "MJ", "RT", "NA"]	[5, 3, 2, 7, 5]	"TCMA"
["TR", "RT", "TR"]	[7, 1, 3]	"RCJA"

▎입출력 예 #1▎

1번 질문의 점수 배치는 아래 표와 같습니다.

선택지	성격 유형 점수
매우 비동의	어피치형 3점
비동의	어피치형 2점
약간 비동의	어피치형 1점
모르겠음	어떤 성격 유형도 점수를 얻지 않습니다.
약간 동의	네오형 1점
동의	네오형 2점
매우 동의	네오형 3점

1번 질문에서는 지문의 예시와 다르게 비동의 관련 선택지를 선택하면 어피치형(A) 성격 유형의 점수를 얻고, 동의 관련 선택지를 선택하면 네오형(N) 성격 유형의 점수를 얻습니다. 1번 질문에서 검사자는 약간 동의 선택지를 선택했으므로 네오형(N) 성격 유형 점수 1점을 얻게 됩니다.

2번 질문의 점수 배치는 아래 표와 같습니다.

선택지	성격 유형 점수
매우 비동의	콘형 3점
비동의	콘형 2점
약간 비동의	콘형 1점
모르겠음	어떤 성격 유형도 점수를 얻지 않습니다.
약간 동의	프로도형 1점
동의	프로도형 2점
매우 동의	프로도형 3점

2번 질문에서 검사자는 약간 비동의 선택지를 선택했으므로 콘형(C) 성격 유형 점수 1점을 얻게 됩니다.

3번 질문의 점수 배치는 아래 표와 같습니다.

선택지	성격 유형 점수
매우 비동의	무지형 3점
비동의	무지형 2점
약간 비동의	무지형 1점
모르겠음	어떤 성격 유형도 점수를 얻지 않습니다.
약간 동의	제이지형 1점
동의	제이지형 2점
매우 동의	제이지형 3점

3번 질문에서 검사자는 비동의 선택지를 선택했으므로 무지형(M) 성격 유형 점수 2점을 얻게 됩니다.

4번 질문의 점수 배치는 아래 표와 같습니다.

선택지	성격 유형 점수
매우 비동의	라이언형 3점
비동의	라이언형 2점
약간 비동의	라이언형 1점
모르겠음	어떤 성격 유형도 점수를 얻지 않습니다.
약간 동의	튜브형 1점
동의	튜브형 2점
매우 동의	튜브형 3점

4번 질문에서 검사자는 매우 동의 선택지를 선택했으므로 튜브형(T) 성격 유형 점수 3점을 얻게 됩니다.
5번 질문의 점수 배치는 아래 표와 같습니다.

선택지	성격 유형 점수
매우 비동의	네오형 3점
비동의	네오형 2점
약간 비동의	네오형 1점
모르겠음	어떤 성격 유형도 점수를 얻지 않습니다.
약간 동의	어피치형 1점
동의	어피치형 2점
매우 동의	어피치형 3점

5번 질문에서 검사자는 약간 동의 선택지를 선택했으므로 어피치형(A) 성격 유형 점수 1점을 얻게 됩니다.
1번부터 5번까지 질문의 성격 유형 점수를 합치면 아래 표와 같습니다.

지표 번호	성격 유형	점수	성격 유형	점수
1번 지표	라이언형(R)	0	튜브형(T)	3
2번 지표	콘형(C)	1	프로도형(F)	0
3번 지표	제이지형(J)	0	무지형(M)	2
4번 지표	어피치형(A)	1	네오형(N)	1

각 지표에서 더 점수가 높은 T, C, M이 성격 유형입니다. 하지만 4번 지표는 1점으로 동일한 점수입니다. 따라서 4번 지표의 성격 유형은 사전순으로 빠른 A입니다. 결과적으로 "TCMA"를 return해야 합니다.

┃입출력 예 #2 ┃
1번부터 3번까지 질문의 성격 유형 점수를 합치면 아래 표와 같습니다.

지표 번호	성격 유형	점수	성격 유형	점수
1번 지표	라이언형(R)	6	튜브형(T)	1
2번 지표	콘형(C)	0	프로도형(F)	0
3번 지표	제이지형(J)	0	무지형(M)	0
4번 지표	어피치형(A)	0	네오형(N)	0

1번 지표는 튜브형(T)보다 라이언형(R)의 점수가 더 높습니다. 따라서 첫 번째 지표의 성격 유형은 R입니다. 하지만 2, 3, 4번 지표는 모두 0점으로 동일한 점수입니다. 따라서 2, 3, 4번 지표의 성격 유형은 사전순으로 빠른 C, J, A입니다. 결과적으로 "RCJA"를 return해야 합니다.

```python
from collections import defaultdict

def solution(survey, choices):
    result = defaultdict(int)
    for typ, choice in zip(survey, choices):
        if choice < 4:
            result[typ[0]] += 4 - choice
        else:
            result[typ[1]] += choice - 4

    answer = ""
    for typ1, typ2 in ("RT", "CF", "JM", "AN"):
        answer += typ1 if result[typ1] >= result[typ2] else typ2

    return answer
```

설문 조사 질문과 정답을 zip을 사용해 함께 반복하면 쉽게 풀 수 있습니다. 만일 choice가 4보다 작다면 해당 성격 유형 typ 중 첫 번째 유형에 대해서 4 - choice만큼 점수를 얻습니다. 왜냐하면 점수가 1~7까지 있기 때문에, 4보다 낮은 1~3점에 대해서 점수를 올바르게 계산해야 하기 때문입니다. 즉, 1점을 3점으로, 3점을 1점으로 바꾸기 위한 장치입니다. 마찬가지로 choice가 4보다 큰 경우에도 점수에서 4점을 빼는데, 만점을 3점으로 바꿔주기 위해서입니다.

문제의 예제 1번에 대해서 result 딕셔너리를 출력해보면 다음과 같습니다.

```
{'N': 1, 'C': 1, 'M': 2, 'T': 3, 'A': 1}
```

이렇게 만든 result 딕셔너리를 가지고 전체 4가지 성격 유형 조합에 대해서 어떤 성격 유형의 점수가 더 높은지를 바탕으로 결과를 만들면 됩니다. 이때 result가 defaultdict이기 때문에, 설문 조사에 없었던 성격 유형은 0점으로 나옵니다. 예를 들어, 예제 1번에서는 R에 대한 결과가 없기 때문에 "RT"에 대해서 점수를 비교하면 R은 0점, T는 3점으로 계산되어 성격 유형은 T로 결정됩니다.

문제 ❸ 가장 가까운 같은 글자 레벨 1

문제 설명

문자열 s가 주어졌을 때, s의 각 위치마다 자신보다 앞에 나왔으면서, 자신과 가장 가까운 곳에 있는 같은 글자가 어디 있는지 알고 싶습니다. 예를 들어, s = "banana"라고 할 때, 각 글자들을 왼쪽부터 오른쪽으로 읽어 나가면서 다음과 같이 진행할 수 있습니다.

- b는 처음 나왔기 때문에 자신의 앞에 같은 글자가 없습니다. 이는 -1로 표현합니다.
- a는 처음 나왔기 때문에 자신의 앞에 같은 글자가 없습니다. 이는 -1로 표현합니다.
- n은 처음 나왔기 때문에 자신의 앞에 같은 글자가 없습니다. 이는 -1로 표현합니다.
- a는 자신보다 두 칸 앞에 a가 있습니다. 이는 2로 표현합니다.
- n도 자신보다 두 칸 앞에 n이 있습니다. 이는 2로 표현합니다.
- a는 자신보다 두 칸, 네 칸 앞에 a가 있습니다. 이 중 가까운 것은 두 칸 앞이고, 이는 2로 표현합니다.

따라서 최종 결과물은 [-1, -1, -1, 2, 2, 2]가 됩니다. 문자열 s가 주어질 때, 위와 같이 정의된 연산을 수행하는 함수 solution을 완성해 주세요.

제한 사항

- 1 ≤ s의 길이 ≤ 10,000
  - s은 영어 소문자로만 이루어져 있습니다.

입출력의 예

s	result
"banana"	[-1, -1, -1, 2, 2, 2]
"foobar"	[-1, -1, 1, -1, -1, -1]

입출력 예 설명

▌입출력 예 #1▐

지문과 같습니다.

▌입출력 예 #2▐

설명 생략

```python
def solution(s):
    answer = [-1] * len(s)
    order = {}
    for idx, char in enumerate(s):
        if char in order:
            answer[idx] = idx - order[char]
        order[char] = idx
    return answer
```

문자열을 앞에서부터 쭉 반복하면서 문자열이 나온 인덱스를 딕셔너리에 저장하면 각 문자가 마지막으로 언제 등장했는지를 알 수 있습니다.

```python
for idx, char in enumerate(s):
    order[char] = idx
```

"banana"에 대해서 order 딕셔너리를 출력해보면 다음과 같습니다.

```python
{'b': 0, 'a': 5, 'n': 4}
```

여기에 이미 char가 order에 저장되어 있다면, 다시 말해 앞에서 이미 등장한 적이 있다면 현재보다 몇 칸 앞에서 나왔는지를 answer에 저장하면 됩니다. 따라서 현재 인덱스 idx에서 이전 인덱스 order[char]를 뺀 값을 저장합니다.

문제 4 숫자 문자열과 영단어(2021 카카오 채용연계형 인턴십) 레벨 1

문제 설명

네오와 프로도가 숫자놀이를 하고 있습니다. 네오가 프로도에게 숫자를 건넬 때 일부 자릿수를 영단어로 바꾼 카드를 건네주면 프로도는 원래 숫자를 찾는 게임입니다. 다음은 숫자의 일부 자릿수를 영단어로 바꾸는 예시입니다.

- 1478 → "one4seveneight"
- 234567 → "23four5six7"
- 10203 → "1zerotwozero3"

이렇게 숫자의 일부 자릿수가 영단어로 바뀌었거나, 혹은 바뀌지 않고 그대로인 문자열 s가 매개변수로 주어집니다. s가 의미하는 원래 숫자를 return하도록 solution 함수를 완성해 주세요. 참고로 각 숫자에 대응되는 영단어는 다음 표와 같습니다.

숫자	영단어
0	zero
1	one
2	two
3	three
4	four
5	five
6	six
7	seven
8	eight
9	nine

제한 사항

- 1 ≤ s의 길이 ≤ 50
- s가 "zero" 또는 "0"으로 시작하는 경우는 주어지지 않습니다.
- return 값이 1 이상 2,000,000,000 이하의 정수가 되는 올바른 입력만 s로 주어집니다.

입출력의 예

s	result
"one4seveneight"	1478
"23four5six7"	234567
"2three45sixseven"	234567
"123"	123

▌입출력 예 #1 ▌

문제 예시와 같습니다.

▌입출력 예 #2 ▌

문제 예시와 같습니다.

▌입출력 예 #3 ▌

- "three"는 3, "six"는 6, "seven"은 7에 대응되기 때문에 정답은 입출력 예 #2와 같은 2345670이 됩니다.
- 입출력 예 #2와 #3과 같이 같은 정답을 가리키는 문자열이 여러 가지가 나올 수 있습니다.

▌입출력 예 #4 ▌

s에는 영단어로 바뀐 부분이 없습니다.

정확성 테스트 : 10초

```python
nums = {
    "zero": "0",
    "one": "1",
    "two": "2",
    "three": "3",
    "four": "4",
    "five": "5",
    "six": "6",
    "seven": "7",
    "eight": "8",
    "nine": "9",
}

def solution(s):
    for key, value in nums.items():
        s = s.replace(key, value)
    return int(s)
```

제일 먼저 해야 할 일은 숫자 0부터 9까지의 단어를 딕셔너리로 미리 만들어두는 것입니다. 왜냐하면 숫자 단어들을 정수형으로 바꾸는 일반적인 방법이 없기 때문입니다. 이제 딕셔너리 **nums**의 키와 밸류를 반복하면서, 주어진 문자열 **s**에 있는 단어들을 모두 숫자로 바꾸어줍니다. 이제 문자열 **s**는 모두 숫자로 이루어져 있기 때문에 **int(s)** 와 같이 정수형으로 변환이 가능합니다. 이 방법은 매우 직관적이고 시간 복잡도도 $O(10*N) = O(n)$으로 매우 효율적입니다. 코드를 실행해보면 가장 느린 테스트 케이스에서 약 2.7ms 정도 소요되는 것을 알 수 있습니다. 하지만 좀 더 빨리 풀 수는 없을까요?

```python
nums = {
    "one": "1",
    "two": "2",
    "three": "3",
    "four": "4",
    "five": "5",
    "six": "6",
    "seven": "7",
    "eight": "8",
    "nine": "9",
    "zero": "0",
}

def solution(s):
    answer = ""
    buffer = ""

    for char in s:
        if char.isnumeric():
            answer += char
        else:
            buffer += char
            if len(buffer) > 2 and buffer in nums:
                answer += nums[buffer]
                buffer = ""
    return int(answer)
```

두 번째 풀이는 좀 더 다양한 경우에 응용할 수 있으면서도 더 빠른 방법입니다. 이 방법은 전체 데이터를 단 한 번만 반복하기 때문에 시간 복잡도가 정확히 $O(n)$입니다. 실행 속도는 가장 느린 경우가 0.63ms입니다. s를 for로 반복하면서, 문자열 char가 숫자라면 결과 answer에 추가하고, 문자라면 buffer에 추가합니다. 모든 숫자 단어가 길이가 3 이상이기 때문에, buffer의 길이가 3 이상이면서 nums에 속한 단어라면 buffer를 숫자로 바꿔 answer에 추가합니다. 마지막으로 buffer를 빈 문자열로 초기화해 주면 됩니다.

문제 5   완주하지 못한 선수 레벨 1

문제 설명

수많은 마라톤 선수들이 마라톤에 참여하였습니다. 단 한 명의 선수를 제외하고는 모든 선수가 마라톤을 완주하였습니다. 마라톤에 참여한 선수들의 이름이 담긴 배열 participant와 완주한 선수들의 이름이 담긴 배열 completion이 주어질 때, 완주하지 못한 선수의 이름을 return하도록 solution 함수를 작성해 주세요.

제한 사항

- 마라톤 경기에 참여한 선수의 수는 1명 이상 100,000명 이하입니다.
- completion의 길이는 participant의 길이보다 1 작습니다.
- 참가자의 이름은 1개 이상 20개 이하의 알파벳 소문자로 이루어져 있습니다.
- 참가자 중에는 동명이인이 있을 수 있습니다.

입출력의 예

participant	completion	return
["leo", "kiki", "eden"]	["eden", "kiki"]	"leo"
["marina", "josipa", "nikola", "vinko", "filipa"]	["josipa", "filipa", "marina", "nikola"]	"vinko"
["mislav", "stanko", "mislav", "ana"]	["stanko", "ana", "mislav"]	"mislav"

입출력 예 설명

┃ 입출력 예 #1 ┃

"leo"는 참여자 명단에는 있지만, 완주자 명단에는 없기 때문에 완주하지 못했습니다.

┃ 입출력 예 #2 ┃

"vinko"는 참여자 명단에는 있지만, 완주자 명단에는 없기 때문에 완주하지 못했습니다.

┃ 입출력 예 #3 ┃

"mislav"는 참여자 명단에는 두 명이 있지만, 완주자 명단에는 한 명밖에 없기 때문에 한 명은 완주하지 못했습니다.

```
from collections import Counter

def solution(participant, completion):
    completes = Counter(completion)

    for name in participant:
        if name in completes and completes[name] > 0:
            completes[name] -= 1
        else:
            return name
```

이 문제에서 까다로운 점은 동명이인이 존재한다는 것입니다. 따라서 같은 이름이 몇 번 등장하는지를 고려해야 정답을 맞힐 수 있습니다. Counter를 써서 완주한 사람들의 이름이 몇 번 나타나는지를 셉니다. 예제 3번의 경우, `completes`를 출력하면 다음과 같습니다.

```
>>> completion = ["stanko", "ana", "mislav"]
>>> completes = Counter(completion)
>>> completes

Counter({'mislav': 1, 'stanko': 1, 'ana': 1})
```

이제 어떤 이름이 중복으로 나타나는지를 쉽게 알 수 있습니다. 전체 참가자 **participant**를 for 루프로 반복합니다. 여기서 완주한 사람을 나타내는 completes에 이름이 없으면 완주하지 못한 사람이므로 바로 name을 리턴합니다. 만일 completes에 이름이 있고, 등장 횟수가 0보다 큰 경우는 등장 횟수를 1 감소시킵니다. 예제 3번에서 **"mislav"**가 두 번 등장하는데, 등장 횟수를 한 번 감소시키고 나면 두 번째로 **"mislav"**가 나올 때는 등장 횟수가 0이 됩니다. 만일 이름이 포함되어 있지만 등장 횟수가 0이라면, 동명이인이 완주한 것이므로 이 사람은 완주하지 못한 사람이 됩니다. 따라서 완주하지 못한 사람은 **"mislav"**입니다.

풀이 **2**

```
from collections import Counter

def solution(participant, completion):
    participates = Counter(participant)
    completes = Counter(completion)

    return list((participates - completes))[0]
```

두 번째 풀이 역시 Counter를 사용하지만, Counter끼리 빼주면 두 Counter의 차이만 남는다는 점을 이용했습니다. 즉, 완주하지 못한 사람만 남게 됩니다. 이때 딕셔너리의 키에 이름이 들어 있으므로 뺀 결과를 리스트로 만들고, 첫 번째 원소를 리턴하면 정답이 됩니다.

문제 6   전화번호 목록 레벨 2

문제 설명

전화번호부에 적힌 전화번호 중, 한 번호가 다른 번호의 접두어인 경우가 있는지 확인하려 합니다. 전화번호가 다음과 같을 경우, 구조대 전화번호는 영석이의 전화번호의 접두사입니다.

- 구조대 : 119
- 박준영 : 97 674 223
- 지영석 : 11 9552 4421

전화번호부에 적힌 전화번호를 담은 배열 phone_book이 solution 함수의 매개변수로 주어질 때, 어떤 번호가 다른 번호의 접두어인 경우가 있으면 false를, 그렇지 않으면 true를 return하도록 solution 함수를 작성해 주세요.

제한 사항

- phone_book의 길이는 1 이상 1,000,000 이하입니다.
  - 각 전화번호의 길이는 1 이상 20 이하입니다.
  - 같은 전화번호가 중복해서 들어 있지 않습니다.

입출력의 예

phone_book	return
["119", "97674223", "1195524421"]	false
["123","456","789"]	true
["12","123","1235","567","88"]	false

입출력 예 설명

입출력 예 #1

앞에서 설명한 예와 같습니다.

입출력 예 #2

한 번호가 다른 번호의 접두사인 경우가 없으므로, 답은 true입니다.

입출력 예 #3

첫 번째 전화번호, "12"가 두 번째 전화번호 "123"의 접두사입니다. 따라서 답은 false입니다.

```python
def solution(phone_book):
    phone_book = sorted(phone_book)
    for i in range(len(phone_book) - 1):
        if phone_book[i + 1].startswith(phone_book[i]):
            return False
    return True
```

먼저 **phone_book**을 오름차순으로 정렬합니다. 이렇게 하면 전화번호가 다른 전화번호의 접두사인 경우 해당 접두사가 정렬된 목록에서 다른 전화번호 앞에 표시됩니다. 그런 다음, 단일 루프를 사용하여 마지막 전화번호를 제외한 **phone_book**의 모든 전화번호를 반복합니다. 각 전화번호에 대해 정렬된 목록의 다음 전화번호가 현재 전화번호로 시작하는지 확인합니다. 만약 그렇다면 현재 전화번호가 다음 전화번호의 접두사라는 의미이며 **False**를 반환합니다. 마지막 전화번호를 제외한 **phone_book**의 모든 전화번호를 반복한 후에도 이러한 전화번호 쌍을 찾지 못하면 **True**를 반환합니다.

문제 설명

코니는 매일 다른 옷을 조합하여 입는 것을 좋아합니다. 예를 들어, 코니가 가진 옷이 아래와 같고, 오늘 코니가 동그란 안경, 긴 코트, 파란색 티셔츠를 입었다면 다음날은 청바지를 추가로 입거나 동그란 안경 대신 검정 선글라스를 착용하거나 해야 합니다.

종류	이름
얼굴	동그란 안경, 검정 선글라스
상의	파란색 티셔츠
하의	청바지
겉옷	긴 코트

- 코니는 각 종류별로 최대 1가지 의상만 착용할 수 있습니다. 예를 들어, 위 예시의 경우 동그란 안경과 검정 선글라스를 동시에 착용할 수는 없습니다.
- 착용한 의상의 일부가 겹치더라도, 다른 의상이 겹치지 않거나, 혹은 의상을 추가로 더 착용한 경우에는 서로 다른 방법으로 옷을 착용한 것으로 계산합니다.
- 코니는 하루에 최소 한 개의 의상은 입습니다.

가진 의상들이 담긴 2차원 배열 clothes가 주어질 때 서로 다른 옷의 조합의 수를 return하도록 solution 함수를 작성해주세요.

제한 사항

- clothes의 각 행은 [의상의 이름, 의상의 종류]로 이루어져 있습니다.
- 코니가 가진 의상의 수는 1개 이상 30개 이하입니다.
- 같은 이름을 가진 의상은 존재하지 않습니다.
- clothes의 모든 원소는 문자열로 이루어져 있습니다.
- 모든 문자열의 길이는 1 이상 20 이하인 자연수이고 알파벳 소문자 또는 '_'로만 이루어져 있습니다.

입출력의 예

clothes	return
[["yellow_hat", "headgear"], ["blue_sunglasses", "eyewear"], ["green_turban", "headgear"]]	5
[["crow_mask", "face"], ["blue_sunglasses", "face"], ["smoky_makeup", "face"]]	3

▌입출력 예 #1 ▐

headgear에 해당하는 의상이 yellow_hat, green_turban이고 eyewear에 해당하는 의상이 blue_sunglasses이므로 아래와 같이 5개의 조합이 가능합니다.

1. yellow_hat
2. blue_sunglasses
3. green_turban
4. yellow_hat + blue_sunglasses
5. green_turban + blue_sunglasses

▌입출력 예 #2 ▐

face에 해당하는 의상이 crow_mask, blue_sunglasses, smoky_makeup이므로 아래와 같이 3개의 조합이 가능합니다.

1. crow_mask
2. blue_sunglasses
3. smoky_makeup

```
from collections import defaultdict

def solution(clothes):
    comb = defaultdict(int)

    for cloth, category in clothes:
        comb[category] += 1

    result = 1
    for count in comb.values():
        result *= count + 1

    return result - 1
```

이 문제는 두 단계로 나눠서 생각하면 간단합니다. 먼저 코니가 가진 옷을 종류, 즉 **category**별로 몇 개를 가지고 있는지를 먼저 셉니다. 그러고 나서 각 category별로 옷을 입을 때 몇 가지 조합을 만들 수 있는지를 계산하면 됩니다. 예를 들어, 옷이 [["yellow_hat", "headgear"], ["blue_sunglasses", "eyewear"], ["green_turban", "headgear"]]와 같다고 생각해보겠습니다. 이때 종류별로 개수를 세어 보면,

● headgear : 2개

● eyewear : 1개

입니다. 코니는 각 종류별로 옷을 입을 수도 있고 입지 않을 수도 있지만, 모두 입지 않는 경우는 없습니다. 따라서 경우의 수는 각 종류별 옷에 입지 않는 경우를 더한 다음, 모두 곱하고 마지막에 아무것도 입지 않는 경우인 1을 빼면 됩니다.

$$(2 + 1) * (1 + 1) - 1 = 3 * 2 - 1 = 5$$

따라서 예제 1번의 정답은 5가지입니다.

문제 8 베스트앨범 레벨 3

문제 설명

스트리밍 사이트에서 장르 별로 가장 많이 재생된 노래를 두 개씩 모아 베스트 앨범을 출시하려 합니다. 노래는 고유 번호로 구분하며, 노래를 수록하는 기준은 다음과 같습니다.

> 1. 속한 노래가 많이 재생된 장르를 먼저 수록합니다.
> 2. 장르 내에서 많이 재생된 노래를 먼저 수록합니다.
> 3. 장르 내에서 재생 횟수가 같은 노래 중에서는 고유 번호가 낮은 노래를 먼저 수록합니다.

노래의 장르를 나타내는 문자열 배열 genres와 노래별 재생 횟수를 나타내는 정수 배열 plays가 주어질 때, 베스트 앨범에 들어갈 노래의 고유 번호를 순서대로 return하도록 solution 함수를 완성하세요.

제한 사항

- genres[i]는 고유번호가 i인 노래의 장르입니다.
- plays[i]는 고유번호가 i인 노래가 재생된 횟수입니다.
- genres와 plays의 길이는 같으며, 이는 1 이상 10,000 이하입니다.
- 장르 종류는 100개 미만입니다.
- 장르에 속한 곡이 하나라면, 하나의 곡만 선택합니다.
- 모든 장르는 재생된 횟수가 다릅니다.

입출력의 예

genres	plays	return
["classic", "pop", "classic", "classic", "pop"]	[500, 600, 150, 800, 2500]	[4, 1, 3, 0]

입출력 예 설명

classic 장르는 1,450회 재생되었으며, classic 노래는 다음과 같습니다.

- 고유 번호 3 : 800회 재생
- 고유 번호 0 : 500회 재생
- 고유 번호 2 : 150회 재생

pop 장르는 3,100회 재생되었으며, pop 노래는 다음과 같습니다.

- 고유 번호 4 : 2,500회 재생
- 고유 번호 1 : 600회 재생

따라서 pop 장르의 [4, 1]번 노래를 먼저, classic 장르의 [3, 0]번 노래를 그다음에 수록합니다.

- 장르별로 가장 많이 재생된 노래를 최대 두 개까지 모아 베스트 앨범을 출시하므로 2번 노래는 수록되지 않습니다.

```
from collections import defaultdict

def solution(genres, plays):
    summary = defaultdict(list)
    plays_summary = defaultdict(int)
    for index, (genre, play) in enumerate(zip(genres, plays)):
        summary[genre].append([index, play])
        plays_summary[genre] += play

    by_plays = sorted(plays_summary.items(), key=lambda x: -x[1])
    result = []
    for genre, _ in by_plays:
        songs = sorted(summary[genre], key=lambda x: -x[1])[:2]
        result.extend([song for song, _ in songs])
    return result
```

이 함수는 두 개의 딕셔너리 summary와 plays_summary를 사용하여 각 장르의 총 재생 횟수와 각 장르의 각 노래에 대한 인덱스와 재생 횟수를 추적합니다. 먼저, 이 함수는 루프를 사용하여 genres 및 plays 리스트를 반복합니다. 각 곡에 대해 해당 장르 아래의 summary 사전에 색인과 재생 횟수를 추가하고, 해당 장르 아래의 plays_summary 사전에 해당 곡의 재생 횟수를 추가합니다. 그런 다음, 함수는 각 장르의 총 재생 횟수에 따라 내림차순으로 plays_summary 사전의 항목을 정렬합니다. 이렇게 하면 인기도에 따라 정렬된 장르 리스트를 얻을 수 있습니다.

다음으로 이 함수는 루프를 사용하여 정렬된 장르 리스트를 반복합니다. 각 장르에 대해 해당 장르의 노래를 재생 횟수에 따라 내림차순으로 정렬하고 상위 두 곡을 선택합니다. 이 두 곡의 인덱스를 result 리스트에 추가합니다. 마지막으로 함수는 최고의 앨범을 나타내는 노래의 인덱스가 포함된 result 리스트를 반환합니다.

03 셋(집합)

개념 설명

셋의 특징

파이썬의 셋은 수학에서의 집합과 동일한 의미를 갖습니다. 셋은 주로 중복값을 제거하거나, 중복이 허용되지 않는 값의 목록을 만들 때 사용됩니다.

셋의 연산

셋은 집합의 연산을 대부분 사용할 수 있습니다. 그중에서도 중요한 세 가지 연산의 사용 방법을 알아보겠습니다. 다음과 같이 두 개의 셋 nums1과 nums2를 선언합니다.

```
nums1 = {1, 2, 3}
nums2 = {2, 3, 4}
```

교집합

```
nums1 & nums2
```

실행 결과

```
{2, 3}
```

차집합

```
nums1 - nums2
```

```
{1}
```

```
nums2 - nums1
```

```
{4}
```

합집합

```
nums1 | nums2
```

```
{1, 2, 3, 4}
```

문제 ❶ **외계어 사전** 레벨 0

문제 설명

PROGRAMMERS-962 행성에 불시착한 우주비행사 머쓱이는 외계행성의 언어를 공부하려고 합니다. 알파벳이 담긴 배열 spell과 외계어 사전 dic이 매개변수로 주어집니다. spell에 담긴 알파벳을 한 번씩만 모두 사용한 단어가 dic에 존재한다면 1, 존재하지 않는다면 2를 return하도록 solution 함수를 완성해 주세요.

제한 사항

- spell과 dic의 원소는 알파벳 소문자로만 이루어져 있습니다.
- 2 ≤ spell의 크기 ≤ 10
- spell의 원소의 길이는 1입니다.
- 1 ≤ dic의 크기 ≤ 10
- 1 ≤ dic의 원소의 길이 ≤ 10
- spell의 원소를 모두 사용해 단어를 만들어야 합니다.
- spell의 원소를 모두 사용해 만들 수 있는 단어는 dic에 두 개 이상 존재하지 않습니다.
- dic과 spell 모두 중복된 원소를 갖지 않습니다.

입출력의 예

spell	dic	result
["p", "o", "s"]	["sod", "eocd", "qixm", "adio", "soo"]	2
["z", "d", "x"]	["def", "dww", "dzx", "loveaw"]	1
["s", "o", "m", "d"]	["moos", "dzx", "smm", "sunmmo", "som"]	2

입출력 예 설명

┃ 입출력 예 #1 ┃

"p", "o", "s"를 조합해 만들 수 있는 단어가 dic에 존재하지 않습니다. 따라서 2를 return합니다.

┃ 입출력 예 #2 ┃

"z", "d", "x" 를 조합해 만들 수 있는 단어 "dzx"가 dic에 존재합니다. 따라서 1을 return합니다.

┃ 입출력 예 #3 ┃

"s", "o", "m", "d"를 조합해 만들 수 있는 단어가 dic에 존재하지 않습니다. 따라서 2를 return합니다.

유의사항

입출력 예 #3에서 "moos", "smm", "som"도 "s", "o", "m", "d"를 조합해 만들 수 있지만 spell의 원소를 모두 사용해야 하기 때문에 정답이 아닙니다.

풀이

```python
def solution(spell, dic):
    spell_set = set(spell)
    for word in dic:
        if set(word) == spell_set:
            return 1
    return 2
```

알파벳을 한 번씩만 사용한다는 말에서 바로 셋을 사용하면 되는 문제임을 알 수 있습니다. 반복 연산을 피하기 위해, spell_set을 먼저 만들고, dic에 들어 있는 각 단어 역시 set을 해서 중복을 제거해줍니다. 이때 중복을 제거한 단어가 spell_set과 같다면 이 단어는 알파벳을 한 번씩만 사용해서 만든 단어입니다. 따라서 1을 리턴합니다. 만일 모든 단어를 반복해서 이와 같은 경우를 찾을 수 없다면 결과로 2를 리턴합니다.

문제 ❷ 중복된 문자 제거 레벨 0

문제 설명

문자열 my_string이 매개변수로 주어집니다. my_string에서 중복된 문자를 제거하고 하나의 문자만 남긴 문자열을 return하도록 solution 함수를 완성해 주세요.

제한 사항

- $1 \leq$ my_string ≤ 110
- my_string은 대문자, 소문자, 공백으로 구성되어 있습니다.
- 대문자와 소문자를 구분합니다.
- 공백(" ")도 하나의 문자로 구분합니다.
- 중복된 문자 중 가장 앞에 있는 문자를 남깁니다.

입출력의 예

my_string	result
"people"	"peol"
"We are the world"	"We arthwold"

입출력 예 설명

┃ 입출력 예 #1 ┃

"people"에서 중복된 문자 "p"와 "e"을 제거한 "peol"을 return합니다.

┃ 입출력 예 #2 ┃

"We are the world"에서 중복된 문자 "e", " ", "r"들을 제거한 "We arthwold"을 return합니다.

풀이 1

```python
def solution(my_string):
    chars = set()
    answer = ""
    for char in my_string:
        if char in chars:
            continue

        chars.add(char)
        answer += char
    return answer
```

중복 문자를 제거하기 위해 셋을 사용합니다. 문자열을 반복하면서, 처음 등장한 문자(셋에 포함되지 않은 문자)는 셋에 추가한 다음 answer에도 더해줍니다. 만일 이미 등장한 문자라면 다음 문자로 건너뜁니다.

풀이 2

```python
def solution(my_string):
    return "".join(dict.fromkeys(my_string))
```

두 번째 풀이 방법은 문자열을 바로 딕셔너리로 만드는 방법입니다. 앞에서 배웠듯이 딕셔너리를 만들기 위해서는 키와 밸류 두 가지가 모두 필요합니다. 지금은 문자열이므로 값이 모자란데, 이런 경우 기본값을 지정해서 딕셔너리로 변환할 수 있습니다. 기본값을 별도로 지정하지 않으면 None이 할당됩니다.

```python
>>> dict.fromkeys("python")
{'p': None, 'y': None, 't': None, 'h': None, 'o': None, 'n': None}
```

두 번째 파라미터를 제공하면 해당 값을 밸류로 딕셔너리가 만들어집니다.

```python
>>> dict.fromkeys("python", 0)
{'p': 0, 'y': 0, 't': 0, 'h': 0, 'o': 0, 'n': 0}
```

문제로 돌아가서, 딕셔너리에 **join**을 하게 되면 모든 키값을 하나의 문자열로 모으게 됩니다. 딕셔너리는 셋과 다르게 삽입 순서가 보장되기 때문에 문자열을 앞에서부터 순서대로 만들 수 있습니다.

> **Clear Comment**
>
> 파이썬 3.6 이후부터 딕셔너리의 삽입 순서가 보장되기 때문에 더 이상 **ordereddict**를 사용할 필요가 없어졌습니다.

문제 ❸   최빈값 구하기 레벨 0

문제 설명

최빈값은 주어진 값 중에서 가장 자주 나오는 값을 의미합니다. 정수 배열 array가 매개변수로 주어질 때, 최빈값을 return하도록 solution 함수를 완성해보세요. 최빈값이 여러 개면 −1을 return합니다.

제한 사항

0 < array의 길이 < 100
0 ≤ array의 원소 < 1000

입출력의 예

array	result
[1, 2, 3, 3, 3, 4]	3
[1, 1, 2, 2]	−1
[1]	1

입출력 예 설명

▌입출력 예 #1▐

[1, 2, 3, 3, 3, 4]에서 1은 1개, 2는 1개, 3은 3개, 4는 1개로 최빈값은 3입니다.

▌입출력 예 #2▐

[1, 1, 2, 2]에서 1은 2개, 2는 2개로 최빈값이 1, 2입니다. 최빈값이 여러 개이므로 −1을 return합니다.

▌입출력 예 #3▐

[1]에는 1만 있으므로 최빈값은 1입니다.

```python
def solution(array):
    while array:
        for idx, val in enumerate(set(array)):
            array.remove(val)
        if not idx:
            return val
    return -1
```

array를 셋으로 만든 다음, array에서 셋의 원소를 하나씩 지워갑니다. 처음에는 idx가 0보다 큰 값이지만, 원소를 지우다가 마지막 한 개만 남는 경우 인덱스가 0이 됩니다. 이때 val을 리턴하면 이게 최빈값이 됩니다. 만일 이 과정을 끝까지 반복했는데도 지워지는 다른 값이 있다면 −1을 리턴하면 됩니다.

```python
from collections import Counter

def solution(array):
    counts = Counter(array).most_common()
    most = counts[0]
    for value, count in counts[1:]:
        if most[1] == count:
            return -1

    return most[0]
```

두 번째 풀이는 Counter를 사용해 각 원소의 등장 횟수를 세는 방법입니다. 가장 많이 등장하는 문자열을 먼저 구하고, 나머지 문자열에 같은 등장횟수를 갖는 값이 있는지를 검사합니다. 여기서 for를 쓰는 이유는, 문자열에 문자가 한 가지만 존재하는 경우 때문에 그렇습니다. 만일 for 대신 두 번째 원소 counts[1]와의 값을 비교하려고 하면, 다음과 같은 문자열이 주어질 경우 에러가 발생합니다.

```
from collections import Counter

array = "aaa"
counts = Counter(array).most_common()
print(counts)
```

실행 결과

```
[('a', 3)]
```

문제 4   폰켓몬 레벨 1

문제 설명

당신은 폰켓몬을 잡기 위한 오랜 여행 끝에, 홍 박사님의 연구실에 도착했습니다. 홍 박사님은 당신에게 자신의 연구실에 있는 총 N마리의 폰켓몬 중에서 N/2마리를 가져가도 좋다고 했습니다.

홍 박사님 연구실의 폰켓몬은 종류에 따라 번호를 붙여 구분합니다. 따라서 같은 종류의 폰켓몬은 같은 번호를 가지고 있습니다. 예를 들어, 연구실에 총 4마리의 폰켓몬이 있고, 각 폰켓몬의 종류 번호가 [3번, 1번, 2번, 3번]이라면 이는 3번 폰켓몬 두 마리, 1번 폰켓몬 한 마리, 2번 폰켓몬 한 마리가 있음을 나타냅니다. 이때, 4마리의 폰켓몬 중 2마리를 고르는 방법은 다음과 같이 6가지가 있습니다.

> 1. 첫 번째(3번), 두 번째(1번) 폰켓몬을 선택
> 2. 첫 번째(3번), 세 번째(2번) 폰켓몬을 선택
> 3. 첫 번째(3번), 네 번째(3번) 폰켓몬을 선택
> 4. 두 번째(1번), 세 번째(2번) 폰켓몬을 선택
> 5. 두 번째(1번), 네 번째(3번) 폰켓몬을 선택
> 6. 세 번째(2번), 네 번째(3번) 폰켓몬을 선택

이때, 첫 번째(3번) 폰켓몬과 네 번째(3번) 폰켓몬을 선택하는 방법은 한 종류(3번 폰켓몬 2마리)의 폰켓몬만 가질 수 있지만, 다른 방법들은 모두 두 종류의 폰켓몬을 가질 수 있습니다. 따라서 위 예시에서 가질 수 있는 폰켓몬 종류 수의 최댓값은 2가 됩니다.

당신은 최대한 다양한 종류의 폰켓몬을 가지길 원하기 때문에, 최대한 많은 종류의 폰켓몬을 포함해서 N/2마리를 선택하려 합니다. N마리 폰켓몬의 종류 번호가 담긴 배열 nums가 매개변수로 주어질 때, N/2마리의 폰켓몬을 선택하는 방법 중, 가장 많은 종류의 폰켓몬을 선택하는 방법을 찾아, 그때의 폰켓몬 종류 번호의 개수를 return하도록 solution 함수를 완성해 주세요.

제한 사항

- nums는 폰켓몬의 종류 번호가 담긴 1차원 배열입니다.
- nums의 길이(N)는 1 이상 10,000 이하의 자연수이며, 항상 짝수로 주어집니다.
- 폰켓몬의 종류 번호는 1 이상 200,000 이하의 자연수로 나타냅니다.
- 가장 많은 종류의 폰켓몬을 선택하는 방법이 여러 가지인 경우에도, 선택할 수 있는 폰켓몬 종류 개수의 최댓값 하나만 return하면 됩니다.

입출력의 예

nums	result
[3,1,2,3]	2
[3,3,3,2,2,4]	3
[3,3,3,2,2,2]	2

┃ 입출력 예 #1 ┃

문제의 예시와 같습니다.

┃ 입출력 예 #2 ┃

6마리의 폰켓몬이 있으므로, 3마리의 폰켓몬을 골라야 합니다. 가장 많은 종류의 폰켓몬을 고르기 위해서는 3번 폰켓몬 1마리, 2번 폰켓몬 1마리, 4번 폰켓몬 1마리를 고르면 되며, 따라서 3을 return합니다.

┃ 입출력 예 #3 ┃

6마리의 폰켓몬이 있으므로, 3마리의 폰켓몬을 골라야 합니다. 가장 많은 종류의 폰켓몬을 고르기 위해서는 3번 폰켓몬 1마리와 2번 폰켓몬 2마리를 고르거나, 혹은 3번 폰켓몬 2마리와 2번 폰켓몬 1마리를 고르면 됩니다. 따라서 최대 고를 수 있는 폰켓몬 종류의 수는 2입니다.

```
def solution(nums):
    return min(len(set(nums)), len(nums)/2)
```

문제의 설명이 길어서 굉장히 복잡해 보이지만, 실제로는 매우 간단한 아이디어로 풀 수 있습니다.

1. 먼저 폰켓몬 번호를 셋을 사용해 중복을 제거합니다. 그 다음, 셋의 길이를 구하면 모든 폰켓몬을 중복 없이 선택하는 경우가 됩니다.

2. 전체 폰켓몬 수는 항상 짝수로 주어지기 때문에 이를 반으로 나누면, 종류와 상관 없이 최대로 가지고 갈 수 있는 포켓몬 수가 나옵니다.

이제 1번과 2번 경우 중 작은 값을 답으로 택하면 됩니다. 그 이유는 1번에서 중복을 제거하더라도 전체 폰켓몬 수의 절반보다 값이 크다면 더 이상 가져갈 수 없기 때문입니다.

문제 5 둘만의 암호 레벨 1

문제 설명

두 문자열 s와 skip, 그리고 자연수 index가 주어질 때, 다음 규칙에 따라 문자열을 만들려 합니다. 암호의 규칙은 다음과 같습니다.

- 문자열 s의 각 알파벳을 index만큼 뒤의 알파벳으로 바꿔줍니다.
- index만큼의 뒤의 알파벳이 z를 넘어갈 경우 다시 a로 돌아갑니다.
- skip에 있는 알파벳은 제외하고 건너뜁니다.

예를 들어, s = "aukks", skip = "wbqd", index = 5일 때, a에서 5만큼 뒤에 있는 알파벳은 f지만 [b, c, d, e, f]에서 'b'와 'd'는 skip에 포함되므로 세지 않습니다. 따라서 'b', 'd'를 제외하고 'a'에서 5만큼 뒤에 있는 알파벳은 [c, e, f, g, h] 순서에 의해 'h'가 됩니다. 나머지 "ukks" 또한 위 규칙대로 바꾸면 "appy"가 되며 결과는 "happy"가 됩니다. 두 문자열 s와 skip, 그리고 자연수 index가 매개변수로 주어질 때 위 규칙대로 s를 변환한 결과를 return 하도록 solution 함수를 완성해 주세요.

제한 사항

- 5 ≤ s의 길이 ≤ 50
- 1 ≤ skip의 길이 ≤ 10
- s와 skip은 알파벳 소문자로만 이루어져 있습니다.
  - skip에 포함되는 알파벳은 s에 포함되지 않습니다.
- 1 ≤ index ≤ 20

입출력의 예

s	skip	index	result
"aukks"	"wbqd"	5	"happy"

입출력 예 설명

▌입출력 예 #1▐

본문 내용과 일치합니다.

```python
from string import ascii_lowercase

def solution(s, skip, index):

    a_to_z = set(ascii_lowercase)
    a_to_z -= set(skip)
    a_to_z = sorted(a_to_z)
    l = len(a_to_z)

    dic_alpha = {alpha: idx for idx, alpha in enumerate(a_to_z)}

    result = ''
    for i in s:
        result += a_to_z[(dic_alpha[i] + index) % l]

    return result
```

코드에서 **ascii_lowercase**를 사용하여 a부터 z까지의 알파벳을 **a_to_z**라는 변수에 저장합니다. 그리고 **skip**에 포함된 문자들을 제거하여 **a_to_z**에서 **skip**에 포함된 문자들을 제외한 알파벳만 남겨둡니다. 그리고 **a_to_z**를 알파벳 순서대로 정렬합니다.

그 다음으로 **dic_alpha**라는 딕셔너리를 생성하여 각 알파벳과 해당 알파벳의 인덱스를 저장합니다. 이 딕셔너리를 사용하여 문자열 s의 각 문자의 인덱스를 찾아 index만큼 뒤의 알파벳으로 바꾸어주고 결과 문자열에 추가합니다. 이때 인덱스가 l을 넘지 않도록 l로 나눈 나머지를 사용합니다.

문제 6   신고 결과 받기(2022 KAKAO BLIND RECRUITMENT) 레벨 1

문제 설명

신입사원 무지는 게시판 불량 이용자를 신고하고 처리 결과를 메일로 발송하는 시스템을 개발하려 합니다. 무지가 개발하려는 시스템은 다음과 같습니다.

- 각 유저는 한 번에 한 명의 유저를 신고할 수 있습니다.
  - 신고 횟수에 제한은 없습니다. 서로 다른 유저를 계속해서 신고할 수 있습니다.
  - 한 유저를 여러 번 신고할 수도 있지만, 동일한 유저에 대한 신고 횟수는 1회로 처리됩니다.
- k번 이상 신고된 유저는 게시판 이용이 정지되며, 해당 유저를 신고한 모든 유저에게 정지 사실을 메일로 발송합니다.
  - 유저가 신고한 모든 내용을 취합하여 마지막에 한꺼번에 게시판 이용 정지를 시키면서 정지 메일을 발송합니다.

다음은 전체 유저 목록이 ["muzi", "frodo", "apeach", "neo"]이고, k = 2(즉, 2번 이상 신고당하면 이용 정지)인 경우의 예시입니다.

유저 ID	유저가 신고한 ID	설명
"muzi"	"frodo"	"muzi"가 "frodo"를 신고했습니다.
"apeach"	"frodo"	"apeach"가 "frodo"를 신고했습니다.
"frodo"	"neo"	"frodo"가 "neo"를 신고했습니다.
"muzi"	"neo"	"muzi"가 "neo"를 신고했습니다.
"apeach"	"muzi"	"apeach"가 "muzi"를 신고했습니다.

각 유저별로 신고당한 횟수는 다음과 같습니다.

유저 ID	신고당한 횟수
"muzi"	1
"frodo"	2
"apeach"	0
"neo"	2

위 예시에서는 2번 이상 신고당한 "frodo"와 "neo"의 게시판 이용이 정지됩니다. 이때, 각 유저별로 신고한 아이디와 정지된 아이디를 정리하면 다음과 같습니다.

유저 ID	유저가 신고한 ID	정지된 ID
"muzi"	["frodo", "neo"]	["frodo", "neo"]
"frodo"	["neo"]	["neo"]
"apeach"	["muzi", "frodo"]	["frodo"]
"neo"	없음	없음

따라서 "muzi"는 처리 결과 메일을 2회, "frodo"와 "apeach"는 각각 처리 결과 메일을 1회 받게 됩니다. 이용자의 ID가 담긴 문자열 배열 id_list, 각 이용자가 신고한 이용자의 ID 정보가 담긴 문자열 배열 report, 정지 기준이 되

는 신고 횟수 k가 매개변수로 주어질 때, 각 유저별로 처리 결과 메일을 받은 횟수를 배열에 담아 return하도록
solution 함수를 완성해 주세요.

제한 사항

- 2 ≤ id_list의 길이 ≤ 1,000
  - 1 ≤ id_list의 원소 길이 ≤ 10
  - id_list의 원소는 이용자의 id를 나타내는 문자열이며 알파벳 소문자로만 이루어져 있습니다.
  - id_list에는 같은 아이디가 중복해서 들어 있지 않습니다.
- 1 ≤ report의 길이 ≤ 200,000
  - 3 ≤ report의 원소 길이 ≤ 21
  - report의 원소는 "이용자id 신고한id" 형태의 문자열입니다.
  - 예를 들어 "muzi frodo"의 경우 "muzi"가 "frodo"를 신고했다는 의미입니다.
  - id는 알파벳 소문자로만 이루어져 있습니다.
  - 이용자id와 신고한id는 공백(스페이스) 하나로 구분되어 있습니다.
  - 자기 자신을 신고하는 경우는 없습니다.
- 1 ≤ k ≤ 200, k는 자연수입니다.
- return하는 배열은 id_list에 담긴 id 순서대로 각 유저가 받은 결과 메일 수를 담으면 됩니다.

입출력의 예

id_list	report	k	result
["muzi", "frodo", "apeach", "neo"]	["muzi frodo","apeach frodo","frodo neo","muzi neo","apeach muzi"]	2	[2, 1, 1, 0]
["con", "ryan"]	["ryan con", "ryan con", "ryan con", "ryan con"]	3	[0, 0]

입출력 예 설명

❚ 입출력 예 #1 ❚

문제의 예시와 같습니다.

❚ 입출력 예 #2 ❚

"ryan"이 "con"을 4번 신고했으나, 주어진 조건에 따라 한 유저가 같은 유저를 여러 번 신고한 경우는 신고 횟수 1회로 처리합니다. 따라서 "con"은 1회 신고당했습니다. 3번 이상 신고당한 이용자는 없으며, "con"과 "ryan"은 결과 메일을 받지 않습니다. 따라서 [0, 0]을 return합니다.

제한 시간 안내

정확성 테스트 : 10초

```python
from collections import defaultdict

def solution(id_list, report, k):
    reports = defaultdict(list)
    counts = defaultdict(int)

    for repo in set(report):
        reporter, reported = repo.split()
        reports[reporter].append(reported)
        counts[reported] += 1

    result = [0] * len(id_list)
    for idx, id in enumerate(id_list):
        for reported in reports[id]:
            if counts[reported] >= k:
                result[idx] += 1

    return result
```

가장 먼저 신고당한 유저가 몇 번을 신고당했는지를 구해야 합니다. 그리고 신고당한 유저를 누가 신고했는지도 구해야 합니다. 따라서 counts와 reports 딕셔너리를 만들어 각각의 정보를 저장합니다. 이때 각 신고자가 신고한 사람은 리스트로(defaultdict(list)), 신고 횟수는 정수형(defaultdict(int))으로 만들었습니다.

report 리스트에 신고자와 신고당한 사람의 정보가 문자열로 들어 있습니다. 이때 report를 셋으로 만들어 중복값을 제거해 주는 것이 중요합니다. 이제 각각의 정보를 나누어 두 딕셔너리에 저장합니다.

문제 예시 1번의 경우, 두 딕셔너리를 프린트해보면 다음과 같습니다.

```python
>>> print(reports)

defaultdict(<class 'list'>, {'muzi': ['neo', 'frodo'], 'apeach': ['muzi',
'frodo'], 'frodo': ['neo']})

>>> print(counts)

defaultdict(<class 'int'>, {'neo': 2, 'frodo': 2, 'muzi': 1})
```

그 다음, 신고 횟수가 k회 이상인 유저를 신고한 사람에게 메일을 보내야 합니다. 유저별로 메일을 받은 횟수를 result에 저장합니다. 문제에서 주어진 **id_list**를 반복하면서, reports에 현재 유저의 아이디를 넣어서 현재 유저가 신고한 사람을 얻을 수 있습니다. 예를 들어, **id_list**의 첫 번째 원소인 **"muzi"**를 넣으면 다음과 같습니다.

```
>>> reports["muzi"]

['neo', 'frodo']
```

이제 각각의 아이디가 k번 이상 신고당했다면, 즉 **counts[reported]**의 값이 k보다 크다면 **result** 리스트의 값을 1씩 증가시킵니다.

04 스택

개념 설명

스택, 큐, 그리고 데크는 가장 기본적인 자료 구조입니다. 하지만 여러 알고리즘에서 응용되기 때문에 반드시 각 자료구조의 개념과 사용 방법을 이해하는 것이 중요합니다. 스택, 큐, 데크를 모두 리스트로 구현할 수 있습니다. 따라서 데이터를 각 자료형에 넣고 빼는 작업은 모두 `list` 클래스의 메소드로 진행됩니다.

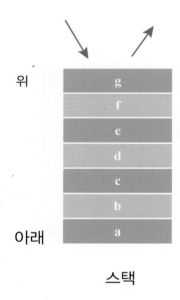

스택

스택(Stack)

스택은 후입선출(Last in first out, LIFO) 구조를 가지고 있습니다. 운영체제에서 프로세스 메모리를 관리할 때, 먼저 실행되는 프로세스부터 메모리를 할당하고 그 다음 실행되는 프로세스의 메모리는 앞서 할당한 메모리 다음에 할당하게 됩니다. 이제 프로세스를 종료하려고 하면, 제일 마지막에 실행한 프로세스부터 처음 실행한 프로세스까지 순서로 메모리 할당을 해제하게 됨니다. 이렇게 메모리를 점점 아래부터 쌓아 나갔다가 맨 위부터 없애나가는 구조를 가지고 있어서 스택이라고 부릅니다.

스택 pop/push

데이터를 두 개 추가하고, 하나를 빼는 작업은 다음과 같습니다.

```python
stack = []
stack.append(1)
stack.append(2)
stack.pop()
print(stack) # [1]
```

문제 1   컨트롤 제트 레벨 0

문제 설명

숫자와 "Z"가 공백으로 구분되어 담긴 문자열이 주어집니다. 문자열에 있는 숫자를 차례대로 더하려고 합니다. 이때 "Z"가 나오면 바로 전에 더했던 숫자를 뺀다는 뜻입니다. 숫자와 "Z"로 이루어진 문자열 s가 주어질 때, 머쓱이가 구한 값을 return하도록 solution 함수를 완성해보세요.

제한 사항

- 1 ≤ s의 길이 ≤ 200
- −1,000 < s의 원소 중 숫자 < 1,000
- s는 숫자, "Z", 공백으로 이루어져 있습니다.
- s에 있는 숫자와 "Z"는 서로 공백으로 구분됩니다.
- 연속된 공백은 주어지지 않습니다.
- 0을 제외하고는 0으로 시작하는 숫자는 없습니다.
- s는 "Z"로 시작하지 않습니다.
- s의 시작과 끝에는 공백이 없습니다.
- "Z"가 연속해서 나오는 경우는 없습니다.

입출력의 예

s	result
"1 2 Z 3"	4
"10 20 30 40"	100
"10 Z 20 Z 1"	1
"10 Z 20 Z"	0
"−1 −2 −3 Z"	−3

입출력 예 설명

▌입출력 예 #1 ▌

본문과 동일합니다.

▌입출력 예 #2 ▌

10 + 20 + 30 + 40 = 100을 return합니다.

▌입출력 예 #3 ▌

"10 Z 20 Z 1"에서 10 다음 Z, 20 다음 Z로 10, 20이 지워지고 1만 더하여 1을 return합니다.

▌입출력 예 #4, #5 ▌

설명 생략

풀이

```python
def solution(s):
    stack = []
    for char in s.split():
        if char == "Z":
            stack.pop()

        else:
            stack.append(int(char))
    return sum(stack)
```

이 문제는 스택을 사용하면 간단합니다. 문자를 순서대로 리스트에 추가하다가, **"Z"**가 나오면 마지막에 추가한 값을 스택에서 제거해 주면 됩니다.

문제 2 같은 숫자는 싫어 레벨 1

문제 설명

배열 arr가 주어집니다. 배열 arr의 각 원소는 숫자 0부터 9까지로 이루어져 있습니다. 이때, 배열 arr에서 연속적으로 나타나는 숫자는 하나만 남기고 전부 제거하려고 합니다. 단, 제거된 후 남은 수들을 반환할 때는 배열 arr의 원소들의 순서를 유지해야 합니다. 예를 들면,

- arr = [1, 1, 3, 3, 0, 1, 1]이면 [1, 3, 0, 1]을 return합니다.
- arr = [4, 4, 4, 3, 3]이면 [4, 3]을 return합니다.

배열 arr에서 연속적으로 나타나는 숫자는 제거하고 남은 수들을 return하는 solution 함수를 완성해 주세요.

제한 사항

- 배열 arr의 크기 : 1,000,000 이하의 자연수
- 배열 arr의 원소의 크기 : 0보다 크거나 같고 9보다 작거나 같은 정수

입출력의 예

arr	answer
[1, 1, 3, 3, 0, 1, 1]	[1, 3, 0, 1]
[4, 4, 4, 3, 3]	[4, 3]

입출력 예 설명

❚ 입출력 예 #1, 2 ❚

문제의 예시와 같습니다.

```python
def solution(arr):
    stack = []
    result = [arr[0]]
    for num in arr:
        if stack:
            curr = stack.pop()
            if curr != num:
                result.append(num)

        stack.append(num)
    return result
```

이 문제는 스택에 현재 숫자를 저장한다는 아이디어에서 출발합니다. 숫자를 반복하면서, 스택에 값이 들어 있으면 마지막 값을 하나 뺀 다음, 현재 값과 다른 경우 result에 값을 추가합니다. 그 다음 현재 값 num을 스택에 추가합니다.

풀이 2

```python
def solution(arr):
    stack = None
    result = [arr[0]]
    for num in arr:
        if stack is not None:
            curr = stack
            if curr != num:
                result.append(num)

        stack = num
    return result
```

사실 스택에 값을 한 개 이상 저장하지 않으므로, 꼭 스택을 쓰지 않아도 문제를 풀 수 있습니다. 위 풀이에서는 스택 대신 값 하나를 저장하게끔 해서 문제를 풀었습니다.

문제 ❸ 햄버거 만들기 [레벨 1]

문제 설명

햄버거 가게에서 일을 하는 상수는 햄버거를 포장하는 일을 합니다. 함께 일을 하는 다른 직원들이 햄버거에 들어갈 재료를 조리해 주면 조리된 순서대로 상수의 앞에 아래서부터 위로 쌓이게 되고, 상수는 순서에 맞게 쌓여서 완성된 햄버거를 따로 옮겨 포장을 하게 됩니다. 상수가 일하는 가게는 정해진 순서(아래서부터, 빵 – 야채 – 고기 – 빵)로 쌓인 햄버거만 포장을 합니다. 상수는 손이 굉장히 빠르기 때문에 상수가 포장하는 동안 속 재료가 추가적으로 들어오는 일은 없으며, 재료의 높이는 무시하여 재료가 높이 쌓여서 일이 힘들어지는 경우는 없습니다. 예를 들어, 상수의 앞에 쌓이는 재료의 순서가 [야채, 빵, 빵, 야채, 고기, 빵, 야채, 고기, 빵]일 때, 상수는 여섯 번째 재료가 쌓였을 때, 세 번째 재료부터 여섯 번째 재료를 이용하여 햄버거를 포장하고, 아홉 번째 재료가 쌓였을 때, 두 번째 재료와 일곱 번째 재료부터 아홉 번째 재료를 이용하여 햄버거를 포장합니다. 즉, 2개의 햄버거를 포장하게 됩니다. 상수에게 전해지는 재료의 정보를 나타내는 정수 배열 ingredient가 주어졌을 때, 상수가 포장하는 햄버거의 개수를 return하도록 solution 함수를 완성하시오.

제한 사항

- 1 ≤ ingredient의 길이 ≤ 1,000,000
- ingredient의 원소는 1, 2, 3 중 하나의 값이며, 순서대로 빵, 야채, 고기를 의미합니다.

입출력의 예

ingredient	result
[2, 1, 1, 2, 3, 1, 2, 3, 1]	2
[1, 3, 2, 1, 2, 1, 3, 1, 2]	0

입출력 예 설명

▎입출력 예 #1 ▎

문제 예시와 같습니다.

▎입출력 예 #2 ▎

상수가 포장할 수 있는 햄버거가 없습니다.

이 문제에서 가장 중요한 지점은 "빵 – 야채 – 고기 — 빵" 순서를 어떻게 검출해 내느냐입니다. ingredient를 앞에서부터 반복하면서, 현재 인덱스부터 4칸 뒤까지의 슬라이스 ingredient[idx : idx + 4]가 [1, 2, 3, 1]과 같은지를 검사하면 됩니다. 만일 같다면, 해당 부분은 햄버거로 만들어졌기 때문에 ingredient에서 제거하면 됩니다. 방금 찾은 슬라이스만큼을 리스트에서 제거하면 됩니다.

```python
ingredient = ingredient[:idx] + ingredient[idx + 4 :]
```

이를 사용해 전체 코드를 작성하면 다음과 같습니다.

```python
def solution(ingredient):
    idx = 0
    count = 0
    while idx < len(ingredient) - 3:
        if ingredient[idx : idx + 4] == [1, 2, 3, 1]:
            ingredient = ingredient[:idx] + ingredient[idx + 4 :]
            count += 1
            idx -= 2
        else:
            idx += 1

    return count
```

하지만 이 방법대로 하면 테스트케이스에서 시간 초과가 발생합니다. 그 이유는 리스트를 슬라이스할 때마다 이 부분은 새로운 리스트로 값이 복사되어 생성되기 때문입니다. 가운데 4칸을 지울 때마다 거의 전체 리스트가 새로 복사되어 생성되기 때문에 매우 비효율적입니다. 만일 파이썬에서 리스트의 특정 원소를 지우려면 del을 쓰는 것이 더욱 빠릅니다.

```python
def solution(ingredient):
    idx = 0
    count = 0
    while idx < len(ingredient) - 3:
        if ingredient[idx : idx + 4] == [1, 2, 3, 1]:
            del ingredient[idx : idx + 4]
            count += 1
            idx -= 2
        else:
            idx += 1

    return count
```

이 방법대로 풀면, 가장 느린 테스트 12번에서 2088.47ms로 통과하는 걸 알 수 있습니다. 더 빠르게 할 수 있을까요?

풀이 2

```python
def solution(ingredient):
    stack = []
    count = 0
    for ing in ingredient:
        stack.append(ing)
        if stack[-4:] == [1, 2, 3, 1]:
            count += 1
            for _ in range(4):
                stack.pop()
    return count
```

리스트의 중간에서 값을 지우지 말고, 마지막에서 값을 제거하면 훨씬 빠릅니다. 먼저 스택을 만들어 리스트의 원소를 하나씩 추가합니다. 추가하면서 마지막 4개의 원소가 [1, 2, 3, 1]과 같다면, 마지막 원소 네 개를 스택에서 삭제합니다. 이 코드는 가장 느린 테스트 케이스 12번에서 176.00ms가 나옵니다. 첫 번째 풀이보다 거의 10배 이상 빨라지는 것을 알 수 있습니다.

문제 4   올바른 괄호   레벨 2

문제 설명

괄호가 바르게 짝지어졌다는 것은 '(' 문자로 열렸으면 반드시 짝지어서 ')' 문자로 닫혀야 한다는 뜻입니다. 예를 들어,

- "()()" 또는 "(())()" 는 올바른 괄호입니다.
- ")()(" 또는 "(()(" 는 올바르지 않은 괄호입니다.

'(' 또는 ')'로만 이루어진 문자열 s가 주어졌을 때, 문자열 s가 올바른 괄호이면 true를 return하고, 올바르지 않은 괄호이면 false를 return하는 solution 함수를 완성해 주세요.

제한 사항

- 문자열 s의 길이 : 100,000 이하의 자연수
- 문자열 s는 '(' 또는 ')'로만 이루어져 있습니다.

입출력의 예

s	answer
"()()"	true
"(())()"	true
")()("	false
"(()("	false

입출력 예 설명

▌입출력 예 #1,2,3,4 ▐

문제의 예시와 같습니다.

```python
def solution(s):
    stack = []
    for char in s:
        if char == '(':
            stack.append(char)
        elif char == ')':
            if not stack:
                return False
            stack.pop()
    return len(stack) == 0
```

문자가 여는 괄호인 경우 스택에 추가합니다. 문자가 닫는 괄호인 경우 스택이 비어 있는지 확인합니다. 스택이 비어 있으면 이 닫는 괄호와 일치하는 여는 괄호가 없음을 의미하며 함수는 False를 반환합니다. 스택이 비어 있지 않으면 스택에서 이 닫는 괄호와 일치하는 여는 괄호를 나타내는 최상위 요소를 팝업합니다.

문자열 s의 모든 문자를 반복한 후 함수는 스택이 비어 있는지 확인합니다. 스택이 비어 있으면 모든 여는 괄호가 닫는 괄호와 일치한다는 의미이며 함수는 True를 반환합니다. 스택이 비어 있지 않으면 일치하지 않는 여는 괄호가 일부 있으며 함수는 False를 반환합니다.

05 큐와 데크

개념 설명

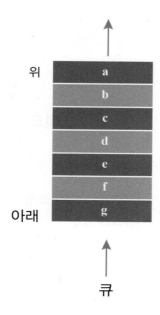

위

a
b
c
d
e
f

아래 g

큐

큐(Queue)

큐는 선입선출(First in first out, FIFO)구조를 가지고 있습니다. 어떤 작업을 순서대로 해야 하는 경우에 유용하게 사용할 수 있습니다.

큐 pop/push

```python
queue = []
queue.append(1)
queue.append(2)
queue.pop(0)
print(queue) # [2]
```

위

아래

데크

데크(Dequeue)

데크는 스택과 큐의 특징을 모두 가지고 있는 자료구조입니다. 즉, **Pop**과 **Push**를 자료형의 앞(Head)과 뒤(Tail)에서 모두 할 수 있습니다.

데크 pop/push

```
dequeue = []
dequeue.append(1)
dequeue.append(2)
dequeue.pop(0)
dequeue.append(3)
dequeue.pop()
print(dequeue) # [2]
```

데크의 경우는 내장 모듈을 사용하면 연결 리스트(Linked list)로 구성된 자료형을 바로 만들 수 있어 훨씬 효율적입니다.

```
from collections import deque

dq = deque([1, 2, 3, 4, 5])
print(dq)
print(dq.pop())
print(dq.popleft())
```

```
deque([1, 2, 3, 4, 5])
5
1
```

데크의 전체 연산에 대한 시간 복잡도는 다음과 같습니다.

연산	평균 시간복잡도	최악 시간복잡도
전체 복사	O(n)	O(n)
append	O(1)	O(1)
appendleft	O(1)	O(1)
pop	O(1)	O(1)
popleft	O(1)	O(1)
extend	O(k)	O(k)
extendleft	O(k)	O(k)
rotate	O(k)	O(k)
remove	O(n)	O(n)

리스트와 다르게 첫 번째 원소를 더하고 빼는 appendleft 와 popleft 연산의 복잡도가 $O(1)$이라는 점을 잘 기억해 두세요.

Quick Tip

빠른 popleft 연산 때문에, 파이썬에서 큐를 사용할 때는 리스트 대신 데크로 구현하는 것이 훨씬 효율적입니다.

문제 1 배열 회전시키기 레벨 0

문제 설명

정수가 담긴 배열 numbers와 문자열 direction가 매개변수로 주어집니다. 배열 numbers의 원소를 direction 방향으로 한 칸씩 회전시킨 배열을 return하도록 solution 함수를 완성해 주세요.

제한 사항

- 3 ≤ numbers의 길이 ≤ 20
- direction은 "left" 와 "right" 둘 중 하나입니다.

입출력의 예

numbers	direction	result
[1, 2, 3]	"right"	[3, 1, 2]
[4, 455, 6, 4, −1, 45, 6]	"left"	[455, 6, 4, −1, 45, 6, 4]

입출력 예 설명

입출력 예 #1

numbers가 [1, 2, 3]이고 direction이 "right"이므로 오른쪽으로 한 칸씩 회전시킨 [3, 1, 2]를 return합니다.

입출력 예 #2

numbers가 [4, 455, 6, 4, −1, 45, 6]이고 direction이 "left"이므로 왼쪽으로 한 칸씩 회전시킨 [455, 6, 4, −1, 45, 6, 4]를 return합니다.

```python
def solution(numbers, direction):
    if direction == "right":
        return [numbers[-1]] + numbers[:-1]
    else:
        return numbers[1:] + [numbers[0]]
```

문제 제목과 다르게 배열을 "회전"시킨다기보다는 한 칸씩 좌우로 밀어낸다는 표현이 더 이해하기 쉽습니다. 만일 방향이 오른쪽이라면, 가장 마지막 원소를 앞으로 보내고 앞에서부터 뒤까지를 그 뒤에 이어 붙이면 됩니다. 만일 방향이 왼쪽이라면, 첫 번째 원소를 가장 뒤로 보내고 나머지 부분의 뒤에 붙이면 됩니다.

풀이 **2**

```python
from collections import deque

def solution(numbers, direction):
    numbers = deque(numbers)
    if direction == 'right':
        numbers.rotate(1)
    else:
        numbers.rotate(-1)
    return list(numbers)
```

첫 번째 풀이는 굉장히 간단하지만, numbers의 길이가 매우 길다면 배우 비효율적입니다. 그이유는 리스트를 슬라이스한 다음 두 문자열을 다시 이어 붙이기 때문입니다. 데크를 사용하면 rotate 메소드를 사용해 데이터를 좌우로 한 칸씩 밀어낼 수 있습니다. 마지막에는 데크를 다시 리스트로 만들어주어야 합니다.

문제 ❷   기능개발 레벨 2

문제 설명

프로그래머스 팀에서는 기능 개선 작업을 수행 중입니다. 각 기능은 진도가 100%일 때 서비스에 반영할 수 있습니다. 또 각 기능의 개발속도는 모두 다르기 때문에 뒤에 있는 기능이 앞에 있는 기능보다 먼저 개발될 수 있고, 이때 뒤에 있는 기능은 앞에 있는 기능이 배포될 때 함께 배포됩니다. 먼저 배포되어야 하는 순서대로 작업의 진도가 적힌 정수 배열 progresses와 각 작업의 개발 속도가 적힌 정수 배열 speeds가 주어질 때 각 배포마다 몇 개의 기능이 배포되는지를 return하도록 solution 함수를 완성하세요.

제한 사항

- 작업의 개수(progresses, speeds배열의 길이)는 100개 이하입니다.
- 작업 진도는 100 미만의 자연수입니다.
- 작업 속도는 100 이하의 자연수입니다.
- 배포는 하루에 한 번만 할 수 있으며, 하루의 끝에 이루어진다고 가정합니다. 예를 들어, 진도율이 95%인 작업의 개발 속도가 하루에 4%라면 배포는 2일 뒤에 이루어집니다.

입출력의 예

progresses	speeds	return
[93, 30, 55]	[1, 30, 5]	[2, 1]
[95, 90, 99, 99, 80, 99]	[1, 1, 1, 1, 1, 1]	[1, 3, 2]

입출력 예 설명

┃ 입출력 예 #1 ┃

첫 번째 기능은 93% 완료되어 있고 하루에 1%씩 작업이 가능하므로 7일간 작업 후 배포가 가능합니다. 두 번째 기능은 30%가 완료되어 있고 하루에 30%씩 작업이 가능하므로 3일간 작업 후 배포가 가능합니다. 하지만 이전 첫 번째 기능이 아직 완성된 상태가 아니기 때문에 첫 번째 기능이 배포되는 7일째 배포됩니다. 세 번째 기능은 55%가 완료되어 있고 하루에 5%씩 작업이 가능하므로 9일간 작업 후 배포가 가능합니다. 따라서 7일째에 2개의 기능, 9일째에 1개의 기능이 배포됩니다.

┃ 입출력 예 #2 ┃

모든 기능이 하루에 1%씩 작업이 가능하므로, 작업이 끝나기까지 남은 일수는 각각 5일, 10일, 1일, 1일, 20일, 1일입니다. 어떤 기능이 먼저 완성되었더라도 앞에 있는 모든 기능이 완성되지 않으면 배포가 불가능합니다. 따라서 5일째에 1개의 기능, 10일째에 3개의 기능, 20일째에 2개의 기능이 배포됩니다.

```python
def solution(progresses, speeds):
    answer = []
    time = 0
    count = 0
    while progresses:
        if (progresses[0] + time * speeds[0]) >= 100:
            progresses.pop(0)
            speeds.pop(0)
            count += 1
        else:
            if count:
                answer.append(count)
                count = 0
            time += 1
    answer.append(count)
    return answer
```

정답을 담을 리스트 answer, 현재 시간을 나타내는 time, 그리고 배포 횟수를 나타내는 count 를 선언합니다. progresses와 speeds를 큐로 사용해서 while 루프를 반복합니다. 만일 첫 번째 진행 상황 progresses[0]에 현재 시간과 첫 번째 속도의 곱 time * speeds[0]을 더하면 현재 시간의 진행상황이 되고 이 값이 100을 넘으면 배포가 가능하므로, progresses와 speeds에서 첫 번째 값을 제거하고 배포 횟수를 1 증가시킵니다. 이 과정은 현재 진행상황이 100을 넘는 작업이 없을 때까지 반복되고, 더 이상 100을 넘는 작업이 없다면 결과에 배포 횟수를 추가하고 시간을 1 증가시킵니다. 만일 100을 넘는 작업이 하나도 없다면 100을 넘는 작업이 생길 때까지 시간만 1 증가시킵니다. 마지막에 count를 정답에 추가하는 이유는 지금까지 배포되지 못한 작업들이 있다면 무조건 마지막 날에 배포가 가능하기 때문입니다.

문제 3   프로세스 레벨 2

운영체제의 역할 중 하나는 컴퓨터 시스템의 자원을 효율적으로 관리하는 것입니다. 이 문제에서는 운영체제가 다음 규칙에 따라 프로세스를 관리할 경우 특정 프로세스가 몇 번째로 실행되는지 알아내면 됩니다.

> 1. 실행 대기 큐(Queue)에서 대기 중인 프로세스 하나를 꺼냅니다.
> 2. 큐에 대기 중인 프로세스 중 우선순위가 더 높은 프로세스가 있다면 방금 꺼낸 프로세스를 다시 큐에 넣습니다.
> 3. 만약 그런 프로세스가 없다면 방금 꺼낸 프로세스를 실행합니다.
> 3.1 한 번 실행한 프로세스는 다시 큐에 넣지 않고 그대로 종료됩니다.

예를 들어, 프로세스 4개 [A, B, C, D]가 순서대로 실행 대기 큐에 들어 있고, 우선순위가 [2, 1, 3, 2]라면 [C, D, A, B] 순으로 실행하게 됩니다. 현재 실행 대기 큐(Queue)에 있는 프로세스의 중요도가 순서대로 담긴 배열 priorities와, 몇 번째로 실행되는지 알고싶은 프로세스의 위치를 알려주는 location이 매개변수로 주어질 때, 해당 프로세스가 몇 번째로 실행되는지 return하도록 solution 함수를 작성해주세요.

제한 사항

- priorities의 길이는 1 이상 100 이하입니다.
  - priorities의 원소는 1 이상 9 이하의 정수입니다.
  - priorities의 원소는 우선순위를 나타내며 숫자가 클수록 우선순위가 높습니다.
- location은 0 이상 (대기 큐에 있는 프로세스 수 − 1) 이하의 값을 가집니다.
  - priorities의 가장 앞에 있으면 0, 두 번째에 있으면 1 …과 같이 표현합니다.

입출력의 예

priorities	location	return
[2, 1, 3, 2]	2	1
[1, 1, 9, 1, 1, 1]	0	5

입출력 예 설명

┃입출력 예 #1┃

문제에 나온 예와 같습니다.

┃입출력 예 #2┃

6개의 문서(A, B, C, D, E, F)가 인쇄 대기목록에 있고 중요도가 1 1 9 1 1 1이므로 C D E F A B 순으로 인쇄합니다.

```python
def solution(priorities, location):
    queue = list(enumerate(priorities))
    order = 0
    while queue:
        cur = queue.pop(0)
        if any(cur[1] < q[1] for q in queue):
            queue.append(cur)
        else:
            order += 1
            if cur[0] == location:
                return order
```

우선순위와 그의 인덱스를 큐로 만들어서 반복하는 방법입니다. 큐에서 프로세스를 하나 빼어 **cur**를 만들고, **cur**의 우선순위 **cur[1]**보다 높은 프로세스가 있다면 현재 프로세스를 큐의 가장 마지막으로 보냅니다. 만일 현재 프로세스가 가장 우선순위가 높다면 순서 **order**를 1 증가시킵니다. 만일 현재 프로세스의 인덱스가 목표인 **location**과 같다면 현재 프로세스의 순서 **order**를 정답으로 리턴합니다.

```python
def solution(priorities, location):
    order = 1
    max_p = max(priorities)

    while priorities:
        priority = priorities.pop(0)

        if max_p == priority:
            if location == 0:
                return order
            max_p = max(priorities)
            order += 1
        else:
            priorities.append(priority)

        if location == 0:
            location = len(priorities) - 1
        else:
            location -= 1
```

두 번째 방법은 목표 인덱스 location을 감소시키며 원하는 프로세스의 순서를 구하는 방법입니다. 첫 번째 if 문에서는 현재의 우선순위 priority가 최고 우선순위인 max_p보다 낮다면 큐의 가장 마지막으로 보냅니다. max_p와 같다면 location이 0인지를 검사합니다. 그 이유는 다음 if 문에서 설명하겠습니다. 만일 0이 아니라면, 남은 프로세스 중에서의 가장 높은 우선순위를 다시 찾고, 순서 order를 1 증가시킵니다.

두 번째 if 문에서는 location이 0이라면, location을 가장 마지막 인덱스로 변경합니다. 0이 아니라면 1씩 감소시킵니다. location을 감소시키는 것은 목표 프로세스가 한 칸씩 앞으로 이동하는 것을 반영하는 것입니다. 따라서 목표 프로세스가 첫 번째 순서가 되었지만, 아직 최고 우선순위가 아니라 실행할 수 없는 경우를 위해 다시 location을 가장 뒤로 보내는 것입니다.

이 방법은 복잡하지만 별도로 큐를 만들 필요가 없고, 전체 큐에서 우선순위를 매번 계산할 필요가 없어서 풀이 1보다 약간 더 빠릅니다.

03

비선형 자료구조

01 힙

개념 설명

힙

힙이란 이진 트리 형식의 자료구조입니다. 이진 트리란 현재 값의 밑에 두 개의 값이 존재하는 형태의 자료구조입니다.

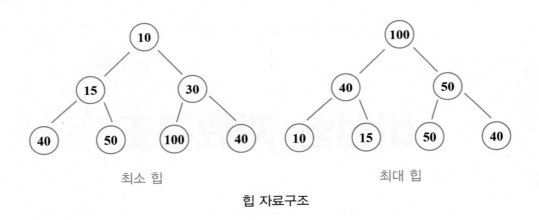

최소 힙   최대 힙

힙 자료구조

힙의 주요 연산은 다음과 같습니다.

- 힙 생성(heapify) : 배열에서 힙을 생성하는 프로세스입니다. 전체 요소를 검사하기 때문에 시간 복잡도 $O(n)$를 갖습니다.

- 삽입 : 기존 힙에 요소를 삽입하는 과정으로 시간 복잡도 $O(\log n)$를 갖습니다.

- 삭제 : 힙의 최상위 요소 또는 우선순위가 가장 높은 요소를 삭제합니다. 그 다음 나머지 요소로 다시 힙을 생성합니다. 시간 복잡도 $O(\log n)$를 갖습니다.

- 찾기(peek) : 힙에서 가장 우선순위가 높은 요소를 찾습니다. 루트 노드를 찾으면 되기 때문에 시간 복잡도 $O(1)$을 갖습니다.

Quick Tip

최대 및 최소 힙의 경우, 최대 또는 최소 요소를 찾습니다.

최대 힙(Max heap)

최대 힙에서 루트 노드에 있는 키는 모든 자식 노드에 있는 키 중에서 가장 커야 합니다. 하위 트리에서도 이 속성이 만족되어야 합니다.

최소 힙(Min heap)

최소 힙에서 루트 노드에 있는 키는 모든 자식 노드에 있는 키 중에서 최솟값이어야 합니다. 하위 트리에서도 이 속성이 만족되어야 합니다.

파이썬 구현

파이썬에서는 **heapq**를 사용해 힙을 구현할 수 있습니다. 이때 **heapq**는 최소 힙을 사용합니다.

```
import heapq

nums = [1, 3, 5, 7, 9, 2, 4, 6, 8, 0]
heapq.heapify(nums)
print(nums)
```

실행 결과

```
[0, 1, 2, 6, 3, 5, 4, 7, 8, 9]
```

heapq.heapify(h)와 동일합니다.

```
nums = [1, 3, 5, 7, 9, 2, 4, 6, 8, 0]
heap = []

for num in nums:
    heapq.heappush(heap, num)

print(heap)
```

실행 결과

```
[0, 1, 2, 6, 3, 5, 4, 7, 8, 9]
```

힙을 이용해 힙 정렬 알고리즘을 구현할 수 있습니다. 힙에 값이 저장될 때 자동적으로 정렬된다는 점을 이용합니다. 아래의 **heapsort** 함수는 입력된 리스트로부터 최소 힙을 만든 다음, 여기서 값을 순서대로 꺼내 정렬된 리스트를 만들어냅니다.

```
import heapq

def heapsort(iterable):
    h = []
    for value in iterable:
        heapq.heappush(h, value)
    return [heapq.heappop(h) for _ in range(len(h))]

print(heapsort([1, 3, 5, 7, 9, 2, 4, 6, 8, 0]))
```

```
[0, 1, 2, 3, 4, 5, 6, 7, 8, 9]
```

만일 최대 힙을 만드려면 다음과 같이 만들 수 있습니다. heapq가 최소 힙이라는 점을 이용해, 힙 생성에 필요한 값의 음수를 이용합니다. 그러면 실제로는 작은 값이 큰 값이 됩니다. 예를 들어, 1은 2보다 작은 값이지만 −1은 −2보다 큰 값이 됩니다. 힙 계산에 튜플을 입력하면 첫 번째 원소를 기준으로 값을 비교하는 원리를 사용합니다.

```
import heapq

def heapsort(iterable):
    h = []
    for value in iterable:
        heapq.heappush(h, (-value, value))
    return [heapq.heappop(h)[1] for _ in range(len(h))]

print(heapsort([1, 3, 5, 7, 9, 2, 4, 6, 8, 0]))
```

```
[9, 8, 7, 6, 5, 4, 3, 2, 1, 0]
```

우선순위 큐

우선순위 큐는 각 요소에 우선순위를 부여해 저장하고, 우선순위가 가장 높은 요소를 먼저 꺼내게 되는 자료구조입니다. 이를 이용하면, 최솟값/최댓값을 빠르게 찾을 수 있습니다. 일반적인 우선순위 큐 구현 방식에는 배열, 연결 리스트, 힙이 있습니다. 각 구현 방식의 시간복잡도는 다음과 같습니다.

구현 방법	enqueue()	dequeue()
배열 (unsorted array)	O(1)	O(N)
연결 리스트 (unsorted linked list)	O(1)	O(N)
정렬된 배열 (sorted array)	O(N)	O(1)
정렬된 연결 리스트 (sorted linked list)	O(N)	O(1)
힙 (heap)	O(logN)	O(logN)

파이썬 구현

우선순위 큐는 힙으로 구현할 수 있습니다. 힙의 원소로 튜플을 넣으면 튜플의 첫 번째 원소를 기준으로 정렬되는 점을 이용합니다.

```python
import heapq

students = [
    (2, "cameron"),
    (3, "buzzi"),
    (1, "james"),
    (5, "mellon"),
    (4, "indo"),
]

heap = []
for student in students:
    heapq.heappush(heap, student)

while heap:
    print(heapq.heappop(heap))
```

실행 결과

```
(1, 'james')
(2, 'cameron')
(3, 'buzzi')
(4, 'indo')
(5, 'mellon')
```

문제 1 명예의 전당 레벨 1

문제 설명

"명예의 전당"이라는 TV 프로그램에서는 매일 1명의 가수가 노래를 부르고, 시청자들의 문자 투표수로 가수에게 점수를 부여합니다. 매일 출연한 가수의 점수가 지금까지 출연 가수들의 점수 중 상위 k번째 이내이면 해당 가수의 점수를 명예의 전당이라는 목록에 올려 기념합니다. 즉, 프로그램 시작 이후 초기에 k일까지는 모든 출연 가수의 점수가 명예의 전당에 오르게 됩니다. k일 다음부터는 출연 가수의 점수가 기존의 명예의 전당 목록의 k번째 순위의 가수 점수보다 더 높으면, 출연 가수의 점수가 명예의 전당에 오르게 되고 기존의 k번째 순위의 점수는 명예의 전당에서 내려오게 됩니다. 이 프로그램에서는 매일 "명예의 전당"의 최하위 점수를 발표합니다. 예를 들어, k = 3이고, 7일 동안 진행된 가수의 점수가 [10, 100, 20, 150, 1, 100, 200]이라면, 명예의 전당에서 발표된 점수는 아래의 그림과 같이 [10, 10, 10, 20, 20, 100, 100]입니다.

일차	1	2	3	4	5	6	7
score	10	100	20	150	1	100	200
명예의 전당 (k=3)	10	100 10	100 20 10	150 100 20	150 100 20	150 100 100	200 150 100
발표 점수	10	10	10	20	20	100	100

명예의 전당 목록의 점수의 개수 k, 1일부터 마지막 날까지 출연한 가수들의 점수인 score가 주어졌을 때, 매일 발표된 명예의 전당의 최하위 점수를 return하는 solution 함수를 완성해 주세요.

제한 사항

- $3 \le k \le 100$
- $7 \le$ score의 길이 $\le 1,000$
- $0 \le$ score[i] $\le 2,000$

입출력의 예

k	score	result
3	[10, 100, 20, 150, 1, 100, 200]	[10, 10, 10, 20, 20, 100, 100]
4	[0, 300, 40, 300, 20, 70, 150, 50, 500, 1000]	[0, 0, 0, 0, 20, 40, 70, 70, 150, 300]

입출력 예 설명

■ 입출력 예 #1 ■

문제의 예시와 같습니다.

■ 입출력 예 #2 ■

아래와 같이, [0, 0, 0, 0, 20, 40, 70, 70, 150, 300]을 return합니다.

일차	1	2	3	4	5	6	7	8	9	10
score	0	300	40	300	20	70	150	50	500	1000
명예의 전당 (k=3)	0	300	300	300	300	300	300	300	500	1000
		0	40	300	300	300	300	300	300	500
			0	40	40	70	150	150	300	300
				0	20	40	70	70	150	300
발표 점수	0	0	0	0	20	40	70	70	150	300

```
import heapq

def solution(k, score):
    answer = []
    rank = []
    for sco in score:
        heapq.heappush(rank, sco)

        if len(rank) > k:
            heapq.heappop(rank)

        answer.append(rank[0])
    return answer
```

힙을 사용해 빠르게 데이터를 정렬하면서, 힙의 길이를 k개 미만으로 유지하는 것이 중요합니다. 따라서 score를 반복하면서, 점수를 힙에 하나씩 추가하다가 rank의 길이가 k를 넘어가면 가장 낮은 점수를 제거합니다. 이제 길이가 k가 되었기 때문에 가장 낮은 점수 rank[0]를 정답으로 추가합니다.

문제 ❷   더 맵게 레벨 2

문제 설명

매운 것을 좋아하는 Leo는 모든 음식의 스코빌 지수를 K 이상으로 만들고 싶습니다. 모든 음식의 스코빌 지수를 K 이상으로 만들기 위해 Leo는 스코빌 지수가 가장 낮은 두 개의 음식을 아래와 같이 특별한 방법으로 섞어 새로운 음식을 만듭니다.

> 섞은 음식의 스코빌 지수 = 가장 맵지 않은 음식의 스코빌 지수 + (두 번째로 맵지 않은 음식의 스코빌 지수 * 2)

Leo는 모든 음식의 스코빌 지수가 K 이상이 될 때까지 반복하여 섞습니다. Leo가 가진 음식의 스코빌 지수를 담은 배열 scoville과 원하는 스코빌 지수 K가 주어질 때, 모든 음식의 스코빌 지수를 K 이상으로 만들기 위해 섞어야 하는 최소 횟수를 return하도록 solution 함수를 작성해 주세요.

제한 사항

- scoville의 길이는 2 이상 1,000,000 이하입니다.
- K는 0 이상 1,000,000,000 이하입니다.
- scoville의 원소는 각각 0 이상 1,000,000 이하입니다.
- 모든 음식의 스코빌 지수를 K 이상으로 만들 수 없는 경우에는 -1을 return합니다.

입출력의 예

scoville	K	return
[1, 2, 3, 9, 10, 12]	7	2

입출력 예 설명

1. 스코빌 지수가 1인 음식과 2인 음식을 섞으면 음식의 스코빌 지수가 아래와 같이 됩니다.
   - 새로운 음식의 스코빌 지수 = 1 + (2 * 2) = 5
   - 가진 음식의 스코빌 지수 = [5, 3, 9, 10, 12]
2. 스코빌 지수가 3인 음식과 5인 음식을 섞으면 음식의 스코빌 지수가 아래와 같이 됩니다.
   - 새로운 음식의 스코빌 지수 = 3 + (5 * 2) = 13
   - 가진 음식의 스코빌 지수 = [13, 9, 10, 12]

모든 음식의 스코빌 지수가 7 이상이 되었고 이때 섞은 횟수는 2회입니다.

```python
import heapq

def solution(scoville, K):
    num_foods = len(scoville)
    heapq.heapify(scoville)
    score = heapq.heappop(scoville)

    idx = 0
    while idx < num_foods - 1 and score < K:
        heapq.heappush(scoville, score + heapq.heappop(scoville) * 2)
        score = heapq.heappop(scoville)
        idx += 1

    return -1 if score < K else idx
```

스코빌 지수를 최소 힙으로 만들고 시작합니다. 이때 **while** 루프에서 두 가지 조건을 검사합니다. 첫 번째는 현재의 인덱스 **idx**가 전체 길이를 넘지 않는 것, 두 번째는 현재의 스코빌 지수가 K보다 낮은 것입니다. 만일 조건이 만족된다면, 힙에서 가장 낮은 점수를 하나 꺼내고 (heapq.heappop(scoville)) 여기에 두 배를 곱한 다음 이전에 가장 낮았던 점수 score에 더합니다. 그리고 이 값을 다시 힙에 추가합니다(heapq.heappush(scoville, score + heapq. heappop(scoville) * 2)). 그 다음, 다시 가장 낮은 점수를 하나 뽑아 score를 업데이트하고, 인덱스를 1 증가시킵니다. 인덱스가 증가하는 이유는 두 점수를 합해서 하나로 만들었기 때문입니다. 루프가 끝난 다음, 만일 가장 낮은 점수 score가 아직 K보다 낮다면 −1을 리턴하고, 아니라면 현재의 인덱스를 정답으로 리턴하면 됩니다.

문제 3   야근 지수 레벨 3

문제 설명

회사원 Demi는 가끔은 야근을 하는데요, 야근을 하면 야근 피로도가 쌓입니다. 야근 피로도는 야근을 시작한 시점에서 남은 일의 작업량을 제곱하여 더한 값입니다. Demi는 N시간 동안 야근 피로도를 최소화하도록 일할 겁니다. Demi가 1시간 동안 작업량 1만큼을 처리할 수 있다고 할 때, 퇴근까지 남은 N시간과 각 일에 대한 작업량 works에 대해 야근 피로도를 최소화한 값을 return하는 함수 solution을 완성해 주세요.

제한 사항

- works는 길이 1 이상, 20,000 이하인 배열입니다.
- works의 원소는 50000 이하인 자연수입니다.
- n은 1,000,000 이하인 자연수입니다.

입출력의 예

works	n	result
[4, 3, 3]	4	12
[2, 1, 2]	1	6
[1,1]	3	0

입출력 예 설명

입출력 예 #1

n = 4일 때, 남은 일의 작업량이 [4, 3, 3]이라면 야근 지수를 최소화하기 위해 4시간 동안 일을 한 결과는 [2, 2, 2]입니다. 이때 야근 지수는 $2^2 + 2^2 + 2^2 = 12$입니다.

입출력 예 #2

n = 1일 때, 남은 일의 작업량이 [2, 1, 2]라면 야근 지수를 최소화하기 위해 1시간 동안 일을 한 결과는 [1, 1, 2]입니다. 야근지수는 $1^2 + 1^2 + 2^2 = 6$입니다.

입출력 예 #3

남은 작업량이 없으므로 피로도는 0입니다.

```python
import heapq

def solution(n, works):
    works = [-work for work in works]
    heapq.heapify(works)

    for _ in range(n):
        work = heapq.heappop(works)
        if work == 0:
            heapq.heappush(works, work)
            break
        heapq.heappush(works, work + 1)

    return sum([work**2 for work in works])
```

야근 지수는 전체 작업량의 제곱의 합입니다. 따라서 이를 최소화하기 위해서는 가장 큰 값부터 줄여주는 것이 중요합니다. 예를 들어, 작업량이 [5, 3, 3]이고 남은 시간이 2시간이라면, 모든 작업량을 줄이는 경우의 수는 다음과 같습니다.

- 3, 3, 3 → 9 + 9 + 9 = 27

- 4, 3, 2 → 16 + 9 + 4 = 29

- 5, 2, 2 → 25 + 4 + 4 = 33

- 5, 3, 1 → 25 + 9 + 1 = 35

가장 큰 값인 5를 2만큼 줄이는 방법이 가장 야근 지수가 적게 나오는 방법입니다. 따라서 최댓값을 빠르게 구하기 위해 최대 힙을 만들어야 합니다. works를 리스트 컴프리헨션을 사용해 모든 값에 −를 붙여준 다음 힙으로 만들어주면 최대 힙이 됩니다. 그 다음, n번 for 루프를 반복하면서 힙에서 값을 하나씩 꺼냅니다. 만일 꺼낸 work가 0이라면 힙에 다시 값을 넣고 반복을 멈춥니다. 값이 0이 되었다는 뜻은 일이 모두 완료되었다는 의미입니다. 0이 아니라면 work에 1을 더해 다시 힙에 값을 넣어줍니다. 반복이 끝난 다음에는 지금까지의 작업량을 제곱해서 모두 더해 주면 야근 피로도를 구할 수 있습니다.

그래프 - 깊이우선탐색(DFS)

그래프

그래프는 비선형 자료구조 중에서 가장 중요한 자료구조
입니다. 다양한 종류가 존재하고, 각 그래프를 응용한 다
양한 알고리즘도 존재합니다. 그래프는 정점(Node)과 간선

(Egde)를 가지는 자료구조입니다. 여기서 정점은 1, 2, 3, 4, 5를 말하고 각 정점을 연결하는 선
을 간선이라고 부릅니다.

DFS란

깊이우선탐색(Depth First Search)은 어떤 그래프를 순회할 수 있는 방법 중의 하나입니다. 그
래프의 루트에서 리프를 만날 때까지 차례로 내려가다가, 리프를 만나면 이웃 리프를 찾아가는
방식으로 데이터를 순회합니다. 여기서 리프란 더 이상 자식 노드가 없는 노드를 의미합니다.

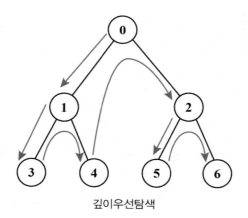

깊이우선탐색

깊이우선탐색은 스택과 재귀함수를 이용해 구현이 가능합니다. 재귀 방법은 스택으로, 스택은
재귀로 서로 바꿔서 풀 수 있습니다. 깊이우선탐색은 한 사람이 미로를 빠져나가는 상황을 상상
해보면 좀 더 쉽게 이해됩니다. 실제로 깊이우선탐색에서 노드를 찾아가는 방법은 세 가지가 있
습니다.

전위 순회(Pre—order traversal)

전위 순회 방법은 가장 대표적으로 사용되는 방법입니다. 이 방법으로 거의 모든 문제를 풀 수 있습니다.

1. 노드 방문

2. 왼쪽 순회

3. 오른쪽 순회

파이썬 구현은 다음과 같습니다.

```python
class Tree:
    def __init__(self, val, left, right):
        self.val = val
        self.left = left
        self.right = right

def pre_order(root):
    stack = [root]

    while stack:
        curr = stack.pop()
        if curr is not None:
            print(curr.val)
            stack.append(curr.right)
            stack.append(curr.left)

"""
      1
     / \
    2   3
   / \ / \
  4  5 6  7
"""
root = Tree(
    1,
    Tree(2, Tree(4, None, None), Tree(5, None, None)),
    Tree(3, Tree(6, None, None), Tree(7, None, None)),
)
pre_order(root)
```

```
1
2
4
5
3
6
7
```

중위 순회(In-order traversal)

중위 순회는 다음과 같습니다.

1. 왼쪽 순회

2. 노드 방문

3. 오른쪽 순회

```
inorder(node)
    if node == null then return
    inorder(node.left)
    visit(node)
    inorder(node.right)
```

후위 순회(Post-order traversal)

후위 순회는 다음과 같습니다.

1. 왼쪽 순회

2. 오른쪽 순회

3. 노드 방문

```
postorder(node)
    if node == null then return
    postorder(node.left)
    postorder(node.right)
    visit(node)
```

재귀함수

재귀함수는 어려운 문제를 분할 정복할 수 있는 좋은 방법입니다. 하지만 코드를 이해하기 어렵게 만드는 주 원인 중 하나이기 때문에 코드를 이해하기 쉽도록 작성하는 것이 중요합니다. 또한 파이썬에서는 재귀함수의 호출 깊이 제한(콜스택 제한이라고도 합니다)이 1000개이기 때문에 주의해야 합니다. 즉, 재귀함수 안에서 재귀함수를 호출하는 깊이가 1000개가 넘으면 안 됩니다.

피보나치 수열을 구하는 문제를 재귀함수로 풀어보도록 하겠습니다. 피보나치 수열의 식은 다음과 같습니다.

$$f_n = f_{n-1} + f_{n-2}$$

즉, 자기 자신의 다음 값을 이전의 자기 자신 값들의 합으로 구하게 됩니다. 이 식을 바탕으로 아래와 같이 코드를 작성할 수 있습니다.

```python
def fibonacci(n):
    # 0, 1, 2, 3, 5, 8, 13, 21, 34, 55, 89
    if n <= 2:
        return n
    return fibonacci(n - 1) + fibonacci(n - 2)

assert fibonacci(0) == 0
assert fibonacci(2) == 2
assert fibonacci(5) == 8
assert fibonacci(10) == 89
```

여기서 n <= 2가 종료 조건 또는 베이스 컨디션이라고 불리는 조건으로, 재귀함수가 더 이상 자기 자신을 호출하지 않고 함수를 종료시키는 조건입니다.

재귀함수를 설계할 때는

1. 문제를 어떻게 나눌 수 있는지

2. 종료조건은 무엇인지

두 가지를 잘 설계하는 것이 중요합니다.

문제 1 콜라츠 추측 레벨 1

문제 설명

1937년 Collatz란 사람에 의해 제기된 이 추측은, 주어진 수가 1이 될 때까지 다음 작업을 반복하면 모든 수를 1로 만들 수 있다는 추측입니다. 작업은 다음과 같습니다.

> 1-1. 입력된 수가 짝수라면 2로 나눕니다.
> 1-2. 입력된 수가 홀수라면 3을 곱하고 1을 더합니다.
> 2. 결과로 나온 수에 같은 작업을 1이 될 때까지 반복합니다.

예를 들어, 주어진 수가 6이라면 6 → 3 → 10 → 5 → 16 → 8 → 4 → 2 → 1 이 되어 총 8번 만에 1이 됩니다. 위 작업을 몇 번이나 반복해야 하는지 반환하는 함수, solution을 완성해 주세요. 단, 주어진 수가 1인 경우에는 0을, 작업을 500번 반복할 때까지 1이 되지 않는다면 -1을 반환해 주세요.

제한 사항

입력된 수, num은 1 이상 8,000,000 미만인 정수입니다.

입출력의 예

n	result
6	8
16	4
626331	-1

입출력 예 설명

▌입출력 예 #1▌

문제의 설명과 같습니다.

▌입출력 예 #2▌

16 → 8 → 4 → 2 → 1이 되어 총 4번 만에 1이 됩니다.

▌입출력 예 #3▌

626331은 500번을 시도해도 1이 되지 못하므로 -1을 return해야 합니다.

```python
def solution(num):
    count = 0
    while num != 1:
        if count >= 500:
            return -1

        if num % 2 == 0:
            num //= 2
        else:
            num = num * 3 + 1
        count += 1
    return count
```

가장 간단하게 풀 수 있는 방법은 문제의 조건대로 반복하면서 콜라츠 추측을 그대로 수행하는 방법입니다.

```python
def solution(num):
    stack = [(num, 0)]
    while stack:
        num, count = stack.pop()
        if count >= 500:
            return -1
        if num == 1:
            return count
        if num % 2 == 0:
            stack.append((num // 2, count + 1))
        else:
            stack.append((num * 3 + 1, count + 1))
```

두 번째 풀이는 스택을 이용하는 방법입니다. 스택에는 현재 숫자와 횟수를 (num, 0)과 같이 넣어둔 상태로 시작합니다. 그 다음은 콜라츠 추측을 수행하면서 스택에 계산 결과와 계산 횟수를 추가합니다. 사실상 스택에 값을 넣자마자 빼기 때문에 스택을 사용하지 않아도 되지만, DFS와 스택에 대한 개념을 연습하기 위해 만든 풀이입니다.

```python
def solution(num, count=0):
    if count >= 500:
        return -1
    if num == 1:
        return count
    if num % 2 == 0:
        return solution(num // 2, count + 1)
    else:
        return solution(num * 3 + 1, count + 1)
```

풀이 2를 재귀함수를 사용하도록 고친 방법입니다.

문제 **2** 여행 경로 레벨 **3**

문제 설명

주어진 항공권을 모두 이용하여 여행경로를 짜려고 합니다. 항상 "ICN" 공항에서 출발합니다. 항공권 정보가 담긴 2차원 배열 tickets가 매개변수로 주어질 때, 방문하는 공항 경로를 배열에 담아 return하도록 solution 함수를 작성해 주세요.

제한 사항

- 모든 공항은 알파벳 대문자 3글자로 이루어집니다.
- 주어진 공항 수는 3개 이상 10,000개 이하입니다.
- tickets의 각 행 [a, b]는 a 공항에서 b 공항으로 가는 항공권이 있다는 의미입니다.
- 주어진 항공권은 모두 사용해야 합니다.
- 만일 가능한 경로가 2개 이상일 경우 알파벳 순서가 앞서는 경로를 return합니다.
- 모든 도시를 방문할 수 없는 경우는 주어지지 않습니다.

입출력의 예

tickets	return
[["ICN", "JFK"], ["HND", "IAD"], ["JFK", "HND"]]	["ICN", "JFK", "HND", "IAD"]
[["ICN", "SFO"], ["ICN", "ATL"], ["SFO", "ATL"], ["ATL", "ICN"], ["ATL","SFO"]]	["ICN", "ATL", "ICN", "SFO", "ATL", "SFO"]

입출력 예 설명

│예제 #1│

["ICN", "JFK", "HND", "IAD"] 순으로 방문할 수 있습니다.

│예제 #2│

["ICN", "SFO", "ATL", "ICN", "ATL", "SFO"] 순으로 방문할 수도 있지만 ["ICN", "ATL", "ICN", "SFO", "ATL", "SFO"]가 알파벳 순으로 앞섭니다.

```
from collections import defaultdict

def solution(tickets):
    routes = defaultdict(list)
    for key, value in tickets:
        routes[key].append(value)

    routes = {key: sorted(value) for key, value in routes.items()}

    stack = ["ICN"]
    path = []
    while stack:
        top = stack[-1]
        if top not in routes or not routes[top]:
            path.append(stack.pop())
        else:
            stack.append(routes[top].pop(0))
    return path[::-1]
```

각 공항을 연결하는 그래프를 만들고 갈 수 있는 경로를 구하는 문제입니다. 비행기 한 대로 움직이기 때문에 DFS 문제가 됩니다. 각 출발지에서 갈 수 있는 도착지를 정리해 주기 위해서 **defaultdict**를 사용합니다. 그 다음, 알파벳 순서가 빠른 공항을 먼저 방문하기 때문에 딕셔너리의 밸류를 정렬합니다.

stack은 출발지가 항상 "ICN"이기 때문에 값을 추가해 놓고 시작합니다. **stack**의 마지막 원소를 빼서, 이 공항에서 갈 수 있는 도착지가 없다면 **path**에 추가합니다. 그렇지 않은 경우, 도착지 중에서 가장 앞에 있는 원소 **routes[top].pop(0)**을 빼서 스택에 추가합니다. 마지막에 전체 경로를 담은 **path**를 뒤집어주면 방문할 수 있는 경로가 만들어집니다.

```python
from collections import defaultdict

def dfs(routes, start):
    path = []
    while routes.get(start):
        path += dfs(routes, routes[start].pop(0))
    path.append(start)
    return path

def solution(tickets):
    routes = defaultdict(list)
    for departure, arrival in tickets:
        routes[departure].append(arrival)
    routes = {key: sorted(value) for key, value in routes.items()}
    return dfs(routes, "ICN")[::-1]
```

이 문제는 당연히 재귀로도 풀 수 있습니다.

문제 ③　네트워크 레벨 3

문제 설명

네트워크란 컴퓨터 상호 간에 정보를 교환할 수 있도록 연결된 형태를 의미합니다. 예를 들어, 컴퓨터 A와 컴퓨터 B가 직접적으로 연결되어 있고, 컴퓨터 B와 컴퓨터 C가 직접적으로 연결되어 있을 때 컴퓨터 A와 컴퓨터 C도 간접적으로 연결되어 정보를 교환할 수 있습니다. 따라서 컴퓨터 A, B, C는 모두 같은 네트워크 상에 있다고 할 수 있습니다. 컴퓨터의 개수 n, 연결에 대한 정보가 담긴 2차원 배열 computers가 매개변수로 주어질 때, 네트워크의 개수를 return하도록 solution 함수를 작성하시오.

제한 사항

- 컴퓨터의 개수 n은 1 이상 200 이하인 자연수입니다.
- 각 컴퓨터는 0부터 n-1인 정수로 표현합니다.
- i번 컴퓨터와 j번 컴퓨터가 연결되어 있으면 computers[i][j]를 1로 표현합니다.
- computer[i][i]는 항상 1입니다.

입출력의 예

n	computers	return
3	[[1, 1, 0], [1, 1, 0], [0, 0, 1]]	2
3	[[1, 1, 0], [1, 1, 1], [0, 1, 1]]	1

입출력 예 설명

▌예제 #1▐

아래와 같이 2개의 네트워크가 있습니다.

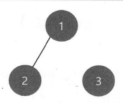

▌예제 #2▐

아래와 같이 1개의 네트워크가 있습니다.

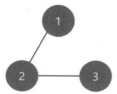

```python
def solution(n, computers):
    visited = [0] * n
    networks = 0

    for node in range(n):
        if not visited[node]:
            stack = [node]
            visited[node] = 1

            while stack:
                curr = stack.pop()

                for next_node in range(n):
                    if (
                        not visited[next_node]
                        and computers[curr][next_node] == 1
                    ):
                        visited[next_node] = 1
                        stack.append(next_node)

            networks += 1

    return networks
```

루프가 **for** → **while** → **for**로 3번이나 중첩되어 있어서 매우 복잡합니다. 먼저 가장 바깥 **for** 루프에서는 방문할 수 있는 노드를 반복합니다. 현재 노드를 방문하지 않았다면, **while** 루프에서는 DFS를 수행합니다. 가장 안쪽의 **for**에서는 **next_node**가 방문하지 않은 노드이면서 현재 노드 **curr**에서 갈 수 있는 노드라면 큐에 추가합니다.

```python
def dfs(node, visited, computers):
    visited[node] = 1
    for next_node in range(len(computers)):
        if not visited[next_node] and computers[node][next_node] == 1:
            dfs(next_node, visited, computers)

def solution(n, computers):
    visited = [0] * n
    networks = 0
    for node in range(n):
        if not visited[node]:
            dfs(node, visited, computers)
            networks += 1
    return networks
```

위 풀이를 재귀로 바꾸어 푼 풀이입니다.

```python
def solution(n, computers):
    visited = [0] * n
    networks = 0

    for node in range(n):
        if not visited[node]:
            queue = [node]
            visited[node] = 1

            while queue:
                curr = queue.pop(0)

                for next_node in range(n):
                    if (
                        not visited[next_node]
                        and computers[curr][next_node] == 1
                    ):
                        visited[next_node] = 1
                        queue.append(next_node)

            networks += 1

    return networks
```

재미있게도 이 문제는 다음 장에서 배울 BFS로도 풀 수 있는 문제입니다. 순회하면서 전체 네트워크를 모두 방문하기 때문입니다.

03 그래프 - 너비우선탐색(BFS)

개념 설명

이전에 배운 DFS와 비슷하지만 노드를 방문하는 우선순위가 다릅니다. DFS는 깊이 우선으로, BFS는 너비 방향을 우선으로 탐색합니다.

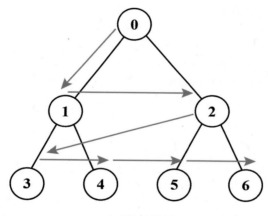

너비우선탐색

DFS를 스택으로 구현했다면 BFS는 큐를 사용합니다. 루트 노드에서 멀리 떨어진 노드를 나중에 탐색하기 때문에, 두 노드 사이의 최단거리를 구할 때 사용되는 알고리즘입니다. BFS는 한 번에 여러 갈래를 동시에 탐색하기 때문에, 여러 사람이 서로 다른 길로 미로를 빠져나가는 원리와 동일합니다.

Level-order traversal

BFS는 순위 방법이 한 가지만 존재합니다.

```python
class Tree:
    def __init__(self, val, left, right):
        self.val = val
        self.left = left
        self.right = right

def level_order(root):
    queue = [root]

    while queue:
        curr = queue.pop(0)
        if curr is not None:
            print(curr.val)
            queue.append(curr.left)
            queue.append(curr.right)

"""
     1
   /   \
  2     3
 / \   / \
4   5 6   7
"""
root = Tree(
    1,
    Tree(2, Tree(4, None, None), Tree(5, None, None)),
    Tree(3, Tree(6, None, None), Tree(7, None, None)),
)
level_order(root)
```

문제 1 타겟 넘버 레벨 2

타겟 넘버

문제 설명

n개의 음이 아닌 정수들이 있습니다. 이 정수들을 순서를 바꾸지 않고 적절히 더하거나 빼서 타겟 넘버를 만들려고 합니다. 예를 들어, [1, 1, 1, 1, 1]로 숫자 3을 만들려면 다음 다섯 방법을 쓸 수 있습니다.

- −1+1+1+1+1 = 3
- +1−1+1+1+1 = 3
- +1+1−1+1+1 = 3
- +1+1+1−1+1 = 3
- +1+1+1+1−1 = 3

사용할 수 있는 숫자가 담긴 배열 numbers, 타겟 넘버 target이 매개변수로 주어질 때 숫자를 적절히 더하고 빼서 타겟 넘버를 만드는 방법의 수를 return하도록 solution 함수를 작성해 주세요.

제한 사항

- 주어지는 숫자의 개수는 2개 이상 20개 이하입니다.
- 각 숫자는 1 이상 50 이하인 자연수입니다.
- 타겟 넘버는 1 이상 1000 이하인 자연수입니다.

입출력의 예

numbers	target	return
[1, 1, 1, 1, 1]	3	5
[4, 1, 2, 1]	4	2

입출력 예 설명

▎입출력 예 #1 ▎

문제 예시와 같습니다.

▎입출력 예 #2 ▎

- +4+1−2+1 = 4
- +4−1+2−1 = 4

총 2가지 방법이 있으므로, 2를 return합니다.

```python
from collections import deque

def solution(numbers, target):
    result = 0
    queue = deque([(numbers[0], 0), (-numbers[0], 0)])

    while queue:
        value, idx = queue.popleft()
        if idx == len(numbers) - 1:
            if value == target:
                result += 1
        else:
            idx += 1
            queue += [(value + numbers[idx], idx), (value - numbers[idx],
idx)]
    return result
```

큐로 구현 시 시간 초과가 발생하기 때문에 **deque**를 큐로 사용합니다. 큐를 만들 때 숫자를 더하는 경우로 가장 앞의 숫자를, 숫자를 빼는 경우로 그 숫자의 음수를 값으로 하여 총 두 개를 넣습니다. 큐에서 값을 하나씩 빼서 타겟 넘버를 확인하고, 타겟 넘버가 아니라면 큐에 다시 더하는 경우와 빼는 경우 두 가지를 모두 넣어줍니다.

문제 2   게임 맵 최단거리 레벨 2

문제 설명

ROR 게임은 두 팀으로 나누어서 진행하며, 상대 팀 진영을 먼저 파괴하면 이기는 게임입니다. 따라서, 각 팀은 상대 팀 진영에 최대한 빨리 도착하는 것이 유리합니다. 지금부터 당신은 한 팀의 팀원이 되어 게임을 진행하려고 합니다. 다음은 5 x 5 크기의 맵에, 당신의 캐릭터가 (행 : 1, 열 : 1) 위치에 있고, 상대 팀 진영은 (행 : 5, 열 : 5) 위치에 있는 경우의 예시입니다.

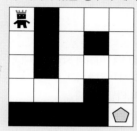

위 그림에서 검은색 부분은 벽으로 막혀 있어 갈 수 없는 길이며, 흰색 부분은 갈 수 있는 길입니다. 캐릭터가 움직일 때는 동, 서, 남, 북 방향으로 한 칸씩 이동하며, 게임 맵을 벗어난 길은 갈 수 없습니다. 아래 예시는 캐릭터가 상대 팀 진영으로 가는 두 가지 방법을 나타내고 있습니다.

첫 번째 방법은 11개의 칸을 지나서 상대 팀 진영에 도착했습니다.

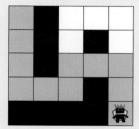

두 번째 방법은 15개의 칸을 지나서 상대팀 진영에 도착했습니다.

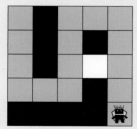

위 예시에서는 첫 번째 방법보다 더 빠르게 상대팀 진영에 도착하는 방법은 없으므로, 이 방법이 상대 팀 진영으로 가는 가장 빠른 방법입니다. 만약, 상대 팀이 자신의 팀 진영 주위에 벽을 세워두었다면 상대 팀 진영에 도착하지 못할 수도 있습니다. 예를 들어, 다음과 같은 경우에 당신의 캐릭터는 상대 팀 진영에 도착할 수 없습니다.

게임 맵의 상태 maps가 매개변수로 주어질 때, 캐릭터가 상대 팀 진영에 도착하기 위해서 지나가야 하는 칸의 개수의 최솟값을 return하도록 solution 함수를 완성해 주세요. 단, 상대 팀 진영에 도착할 수 없을 때는 −1을 return해 주세요.

제한 사항

- maps는 n x m 크기의 게임 맵의 상태가 들어 있는 2차원 배열로, n과 m은 각각 1 이상 100 이하의 자연수입니다.
  - n과 m은 서로 같을 수도 다를 수도 있지만, n과 m이 모두 1인 경우는 입력으로 주어지지 않습니다.
- maps는 0과 1로만 이루어져 있으며, 0은 벽이 있는 자리, 1은 벽이 없는 자리를 나타냅니다.
- 처음에 캐릭터는 게임 맵의 좌측 상단인 (1, 1) 위치에 있으며, 상대방 진영은 게임 맵의 우측 하단인 (n, m) 위치에 있습니다.

입출력의 예

maps	answer
[[1, 0, 1, 1, 1], [1, 0, 1, 0, 1], [1, 0, 1, 1, 1], [1, 1, 1, 0, 1], [0, 0, 0, 0, 1]]	11
[[1, 0, 1, 1, 1], [1, 0, 1, 0, 1], [1, 0, 1, 1, 1], [1, 1, 1, 0, 0], [0, 0, 0, 0, 1]]	−1

입출력 예 설명

┃입출력 예 #1┃

주어진 데이터는 다음과 같습니다.

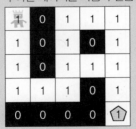

캐릭터가 적 팀의 진영까지 이동하는 가장 빠른 길은 다음 그림과 같습니다.

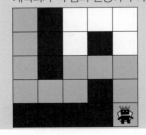

따라서 총 11칸을 캐릭터가 지나갔으므로 11을 return하면 됩니다.

┃ 입출력 예 #2 ┃

문제의 예시와 같으며, 상대 팀 진영에 도달할 방법이 없습니다. 따라서 −1을 return합니다.

```python
from collections import deque

def solution(maps):
    def is_safe(x, y):
        return 0 <= x < n and 0 <= y < m and not visited[x][y] and maps[x][y]

    n, m = len(maps), len(maps[0])
    visited = [[0 for _ in range(m)] for _ in range(n)]

    queue = deque([(0, 0)])
    visited[0][0] = 1
    distance = {(0, 0): 1}
    dx = [-1, 1, 0, 0]
    dy = [0, 0, -1, 1]

    while queue:
        x, y = queue.popleft()
        for ddx, ddy in zip(dx, dy):
            nx = x + ddx
            ny = y + ddy
            if is_safe(nx, ny):
                if (nx, ny) == (n - 1, m - 1):
                    return distance[(x, y)] + 1
                queue.append((nx, ny))
                distance[(nx, ny)] = distance[(x, y)] + 1
                visited[nx][ny] = 1
    return -1
```

아주 전형적인 BFS 미로 문제입니다. 최대한 빨리 진영에 도착해야 하기 때문에, 미로에서 여러 명이 이동하면서 가장 빨리 이동한 사람의 경로를 정답으로 택하면 됩니다.

is_safe 함수는 주어진 좌표 x, y로 이동하는 것이 가능한지를 검사합니다. 먼저 좌표가 미로의 범위 안에 존재하는지, 이미 방문한 적이 있는지, 벽이 아닌지를 검사합니다. 이제 큐에 시작 좌표 (0, 0)을 입력하고 BFS를 시작합니다. 현재 위치에서 상하좌우 4개 방향으로 이동 가능하기 때문에 **for** 루프로 각 방향으로 이동하면서 목적지에 도착했는지를 함께 확인합니다. 한 방향으로 이동하면 큐에 현재 위치 **(nx, ny)**를 추가하고 해당 지점의 거리를 1 증가시킵니다. 마지막으로 현재 위치를 방문했다고 표시합니다. BFS를 끝냈는데도 함수가 종료되지 않으면 목표 지점에 도달할 수 없는 경우이므로 -1을 합니다.

04

알고리즘

정렬

파이썬에서 정렬하기

sort vs sorted

sort

sort는 리스트를 제자리에서 수정하는(in-place) 방식입니다. 다시 말해, 새로운 리스트를 생성하지 않고 각 원소의 위치를 바꿔가며 정렬합니다. 하지만 이 방법은 속도가 느리고, 리스트에만 사용할 수 있기 때문에 잘 사용되지 않습니다.

```
a = [4, 3, 1, 2]
a.sort()
print(a) # [1, 2, 3, 4]
```

sorted

무조건 정렬이 필요한 경우에는 **sorted**를 사용합니다. 모든 이터러블에 대해 정렬을 할 수 있는 **sorted**는 입력으로 받은 값에서 새로운 정렬된 리스트를 반환합니다. 먼저 입력으로 리스트를 전달합니다. 결과가 오름차순 정렬이 된 리스트가 리턴되는 것을 알 수 있습니다.

```
nums = [4, 3, 1, 2]
sorted_nums = sorted(nums)
print(sorted_nums) # [1, 2, 3, 4]
```

튜플도 동일하게 정렬할 수 있습니다.

```
nums = (4, 3, 1, 2)
sorted_nums = sorted(nums)
print(sorted_nums) # [1, 2, 3, 4]
```

딕셔너리의 경우, 키를 기준으로 정렬이 수행됩니다.

```
nums = {4: "a", 3: "b", 1: "c", 2: "d"}
sorted_nums = sorted(nums)
print(sorted_nums)  # [1, 2, 3, 4]
```

> **Clear Comment**
> 밸류를 기준으로 정렬하는 방법은 뒤에서 다룹니다.

셋도 정렬 가능합니다.

```
nums = {4, 3, 1, 2}
sorted_nums = sorted(nums)
print(sorted_nums) # [1, 2, 3, 4]
```

마지막으로 문자열은 알파벳 순으로 정렬됩니다.

```
string = "dcba"
sorted_string = sorted(string)
print(sorted_string) # ['a', 'b', 'c', 'd']
```

정렬 알고리즘은 여러 가지가 존재하지만, 코딩테스트에서는 각 알고리즘을 사용하거나 직접 구현할 필요 없이 내장함수인 sorted를 사용하면 됩니다.

> **Clear Comment**
> sorted는 안정 정렬이면서 시간복잡도 O(nlog{n})에 수행이 가능한 Timsort 알고리즘을 사용합니다.

정렬 응용하기

sorted를 사용하는 여러 가지 기법을 소개합니다.

key로 정렬

sorted 함수는 정렬 기준을 key라는 파라미터로 정해줄 수 있습니다. 예를 들어, 다음 리스트를 문자열의 길이를 이용해 정렬해 보겠습니다. key에 정렬에 사용할 함수 len을 전달해 주면 됩니다.

```
names = ["james", "cameron", "mellon", "indo", "buzzi"]
sorted(names, key=len)

# ['indo', 'james', 'buzzi', 'mellon', 'cameron']
```

여기서 **key**가 작동하는 방식은 전달받은 함수에 리스트의 각 원소를 입력한 결괏값을 모아서 정렬을 수행하는 방식입니다. 즉, 각 원소에 `len`을 실행한 결괏값 [5, 7, 6, 4, 5]를 가지고 정렬을 수행한 다음 각 자리에 원래 문자열을 넣는 것입니다.

딕셔너리 정렬

```
students = {"james": 90, "cameron": 80, "buzzi": 70}
```

● 키를 기준으로 정렬

```
sorted(students.items())
```

● 밸류를 기준으로 정렬

```
sorted(students.items(), key=lambda x: x[1])
```

```
sorted(students, key=lambda x: students[x])
```

여러 기준으로 정렬

```
students = [
    ('james', 'A', 100),
    ('cameron', 'B', 70),
    ('buzzi', 'A', 100),
    ('buzzi', 'A', 90),
    ('buzzi', 'C', 30),
]
```

튜플을 사용하면 튜플의 첫 번째 원소를 기준으로 먼저 정렬한 다음, 값이 같다면 두 번째 원소를 기준으로 다시 정렬합니다. 여전히 같은 값이 있다면 세 번째 값으로 다시 정렬합니다. 이 과정을 계속 반복해서 전체 원소를 정렬할 수 있습니다.

```
sorted(students)
```

실행 결과

```
[('buzzi', 'A', 90),
 ('buzzi', 'A', 100),
 ('buzzi', 'C', 30),
 ('cameron', 'B', 70),
 ('james', 'A', 100)]
```

내림차순 정렬 방법

다음과 같이 리스트를 정의합니다.

```
nums = [1, 2, 3]
```

reverse = True 파라미터를 추가하면 거꾸로 정렬됩니다.

```
sorted(nums, reverse=True)
```

값이 숫자인 경우에 한해서 다음과 같이 람다 함수를 사용할 수도 있습니다.

```
sorted(nums, key=lambda x: -x)
```

문제 1 K번째수 레벨 1

> **Clear Comment**
> 문제에서도 정렬 알고리즘을 사용하지 않고, 정렬이라는 아이디어 자체를 사용해서 풀 수 있는 문제를 선정했습니다.

문제 설명

배열 array의 i번째 숫자부터 j번째 숫자까지 자르고 정렬했을 때, k번째에 있는 수를 구하려 합니다. 예를 들어, array가 [1, 5, 2, 6, 3, 7, 4], i = 2, j = 5, k = 3이라면

> 1. array의 2번째부터 5번째까지 자르면 [5, 2, 6, 3]입니다.
> 2. 1에서 나온 배열을 정렬하면 [2, 3, 5, 6]입니다.
> 3. 2에서 나온 배열의 3번째 숫자는 5입니다.

배열 array, [i, j, k]를 원소로 가진 2차원 배열 commands가 매개변수로 주어질 때, commands의 모든 원소에 대해 앞서 설명한 연산을 적용했을 때 나온 결과를 배열에 담아 return하도록 solution 함수를 작성해 주세요.

제한 사항

* array의 길이는 1 이상 100 이하입니다.
* array의 각 원소는 1 이상 100 이하입니다.
* commands의 길이는 1 이상 50 이하입니다.
* commands의 각 원소는 길이가 3입니다.

입출력의 예

array	commands	return
[1, 5, 2, 6, 3, 7, 4]	[[2, 5, 3], [4, 4, 1], [1, 7, 3]]	[5, 6, 3]

입출력 예 설명

* [1, 5, 2, 6, 3, 7, 4]를 2번째부터 5번째까지 자른 후 정렬합니다. [2, 3, 5, 6]의 세 번째 숫자는 5입니다.
* [1, 5, 2, 6, 3, 7, 4]를 4번째부터 4번째까지 자른 후 정렬합니다. [6]의 첫 번째 숫자는 6입니다.
* [1, 5, 2, 6, 3, 7, 4]를 1번째부터 7번째까지 자릅니다. [1, 2, 3, 4, 5, 6, 7]의 세 번째 숫자는 3입니다.

```python
def solution(array, commands):
    result = []
    for command in commands:
        i, j, k = command

        result.append(sorted(array[i-1:j])[k-1])
    return result
```

commands 리스트의 원소로 세 개의 숫자가 주어지는데, 각 숫자는 "i번째 숫자부터 j번째 숫자까지 자르고 정렬했을 때, k번째에 있는 수"를 구하라는 의미를 담고 있습니다. 따라서 commands를 for 루프로 반복하면서 i, j, k를 구합니다. 주어진 리스트 array를 i번째부터 j번째까지 자르려면 인덱스를 i-1 과 j로 슬라이스하면 됩니다. 그 다음 슬라이스한 리스트를 정렬해 k번째 수를 result에 추가합니다.

풀이 **2**

```python
def solution(array, commands):
    return [sorted(array[i-1:j])[k-1] for i, j, k in commands]
```

위 코드를 리스트 컴프리헨션으로 바꾼 풀이입니다.

문제 설명

두 정수 X, Y의 임의의 자리에서 공통으로 나타나는 정수 k(0 ≤ k ≤ 9)들을 이용하여 만들 수 있는 가장 큰 정수를 두 수의 짝꿍이라 합니다(단, 공통으로 나타나는 정수 중 서로 짝지을 수 있는 숫자만 사용합니다). X, Y의 짝꿍이 존재하지 않으면, 짝꿍은 −1입니다. X, Y의 짝꿍이 0으로만 구성되어 있다면, 짝꿍은 0입니다. 예를 들어, X = 3403이고 Y = 13203이라면, X와 Y의 짝꿍은 X와 Y에서 공통으로 나타나는 3, 0, 3으로 만들 수 있는 가장 큰 정수인 330입니다. 다른 예시로 X = 5525이고 Y = 1255이면 X와 Y의 짝꿍은 X와 Y에서 공통으로 나타나는 2, 5, 5로 만들 수 있는 가장 큰 정수인 552입니다(X에는 5가 3개, Y에는 5가 2개 나타나므로 남는 5 한 개는 짝지을 수 없습니다). 두 정수 X, Y가 주어졌을 때, X, Y의 짝꿍을 return하는 solution 함수를 완성해 주세요.

제한 사항

• 3 ≤ X, Y의 길이(자릿수) ≤ 3,000,000입니다.
• X, Y는 0으로 시작하지 않습니다.
• X, Y의 짝꿍은 상당히 큰 정수일 수 있으므로, 문자열로 반환합니다.

입출력의 예

X	Y	result
"100"	"2345"	"−1"
"100"	"203045"	"0"
"100"	"123450"	"10"
"12321"	"42531"	"321"
"5525"	"1255"	"552"

입출력 예 설명

| 입출력 예 #1 |

X, Y의 짝꿍은 존재하지 않습니다. 따라서 "−1"을 return합니다.

| 입출력 예 #2 |

X, Y의 공통된 숫자는 0으로만 구성되어 있기 때문에, 두 수의 짝꿍은 정수 0입니다. 따라서 "0"을 return합니다.

| 입출력 예 #3 |

X, Y의 짝꿍은 10이므로, "10"을 return합니다.

| 입출력 예 #4 |

X, Y의 짝꿍은 321입니다. 따라서 "321"을 return합니다.

| 입출력 예 #5 |

지문에 설명된 예시와 같습니다.

```python
from collections import Counter

def solution(X, Y):
    x = Counter(X)
    y = Counter(Y)
    common = x - (x - y)

    string = ""
    for key, value in common.items():
        string += key * value

    number = "".join(sorted(string, reverse=True))

    if number.startswith("0"):
        return "0"
    elif not number:
        return "-1"
    else:
        return number
```

앞에서 배운 Counter를 이용해 공통의 숫자를 찾는 풀이입니다. X와 Y에 Counter를 적용한 다음, 먼저 두 숫자의 차이를 x-y로 구합니다. 이제 x에서 x-y를 빼게 되면 결과적으로 공통인 값만 남게 됩니다. 이때 각 숫자의 빈도를 함께 계산할 수 있기 때문에 셋 대신 Counter를 사용합니다. 예를 들어, X와 Y가 다음과 같을 때, 공통인 숫자를 구해 보겠습니다.

```python
x = Counter("12321") # Counter({'1': 2, '2': 2, '3': 1}
y = Counter("42531") # Counter({'4': 1, '2': 1, '5': 1, '3': 1, '1': 1})

# x - y == Counter({'1': 1, '2': 1})
x - (x - y)
```

실행 결과

```
Counter({'1': 1, '2': 1, '3': 1})
```

이제 남은 공통의 숫자와 각각의 빈도를 가지고 문자열을 복원합니다. 이렇게 복원한 문자열을 내림차순으로 정렬해 number를 만듭니다. number가 "0"으로 시작한다면 값을 0을 리턴하고, 빈 문자열이면 −1을, 이외의 경우에는 number를 리턴하면 됩니다.

문제 **3** A로 B 만들기 레벨 0

문제 설명

문자열 before와 after가 매개변수로 주어질 때, before의 순서를 바꾸어 after를 만들 수 있으면 1을, 만들 수 없으면 0을 return하도록 solution 함수를 완성해보세요.

제한 사항

- 0 < before의 길이 == after의 길이 < 1,000
- before와 after는 모두 소문자로 이루어져 있습니다.

입출력의 예

before	after	result
"olleh"	"hello"	1
"allpe"	"apple"	0

입출력 예 설명

▌**입출력 예 #1**▐

"olleh"의 순서를 바꾸면 "hello"를 만들 수 있습니다.

▌**입출력 예 #2**▐

"allpe"의 순서를 바꿔도 "apple"을 만들 수 없습니다.

```
def solution(before, after):
    return 1 if sorted(before) == sorted(after) else 0
```

"순서를 바꾸어"라는 말에서 정렬이라는 힌트를 얻을 수 있습니다. 두 문자열을 정렬해 같은 문자열을 만들 수 있으면 1을, 그렇지 않으면 0을 리턴합니다.

```
def solution(before, after):
    return int(sorted(before) == sorted(after))
```

참고로 파이썬의 **boolean**은 정수형으로 바꾸면 **True**를 1로, **False**를 0으로 바꿔줍니다.

문제 ④ 등수 매기기 레벨 0

문제 설명

영어 점수와 수학 점수의 평균 점수를 기준으로 학생들의 등수를 매기려고 합니다. 영어 점수와 수학 점수를 담은 2차원 정수 배열 score가 주어질 때, 영어 점수와 수학 점수의 평균을 기준으로 매긴 등수를 담은 배열을 return하도록 solution 함수를 완성해 주세요.

제한 사항

• 0 ≤ score[0], score[1] ≤ 100
• 1 ≤ score의 길이 ≤ 10.
• score의 원소 길이는 2입니다.
• score는 중복된 원소를 갖지 않습니다.

입출력의 예

score	result
[[80, 70], [90, 50], [40, 70], [50, 80]]	[1, 2, 4, 3]
[[80, 70], [70, 80], [30, 50], [90, 100], [100, 90], [100, 100], [10, 30]]	[4, 4, 6, 2, 2, 1, 7]

입출력 예 설명

▌입출력 예 #1 ▌

평균은 각각 75, 70, 55, 65이므로 등수를 매겨 [1, 2, 4, 3]을 return합니다.

▌입출력 예 #2 ▌

• 평균은 각각 75, 75, 40, 95, 95, 100, 200이므로 [4, 4, 6, 2, 2, 1, 7]을 return합니다.
• 공동 2등이 두 명, 공동 4등이 2명이므로 3등과 5등은 없습니다.

```python
from collections import defaultdict

def solution(score):
    ranks = defaultdict(list)
    for idx, student in enumerate(score):
        ranks[sum(student)].append(idx)

    result = [0 for _ in range(len(score))]
    rank = 1
    for _, indices in sorted(ranks.items(), reverse=True):
        for index in indices:
            result[index] = rank

        rank += len(indices)

    return result
```

평균 점수 기준이지만, 실제로는 두 과목 점수의 합을 사용해도 동일합니다. 따라서 ranks 딕셔너리에 점수 합계를 키로, 밸류에는 해당 학생의 인덱스를 리스트의 원소로 추가합니다. 이제 ranks를 내림차순으로 정렬한 다음, 현재 랭크에 해당하는 학생들의 인덱스 indices를 인덱스로 해서 result 리스트의 원소를 rank로 업데이트합니다. 예를 들어, 가장 처음 for 루프를 실행했다면 현재 랭크는 1이므로, 같은 점수를 가진 모든 학생의 랭크가 1이 됩니다. 그 다음 rank의 값에 indices만큼을 더해 주면 다음 학생들의 랭크를 구할 수 있습니다.

```python
def solution(score):
    avg = sorted([sum(i) for i in score], reverse=True)
    return [avg.index(sum(i)) + 1 for i in score]
```

두 번째 풀이도 합계를 기준으로 점수를 내림차순으로 정렬합니다. 그 다음 score를 순회하면서 미리 구해둔 avg에서의 sum(i)에 대한 인덱스를 구합니다. index 메소드는 해당 값이 가장 앞에 나온 경우의 인덱스를 구하기 때문에 가능합니다. 이 방법은 코드가 매우 간결하지만, 매번 같은 값에 대한 인덱스를 구해야 해서 풀이 1번보다 비효율적입니다.

문제 5 가까운 수 레벨 0

문제 설명

정수 배열 array와 정수 n이 매개변수로 주어질 때, array에 들어있는 정수 중 n과 가장 가까운 수를 return하도록 solution 함수를 완성해 주세요.

제한 사항

• 1 ≤ array의 길이 ≤ 100
• 1 ≤ array의 원소 ≤ 100
• 1 ≤ n ≤ 100
• 가장 가까운 수가 여러 개일 경우 더 작은 수를 return합니다.

입출력의 예

array	n	result
[3, 10, 28]	20	28
[10, 11, 12]	13	12

입출력 예 설명

▌입출력 예 #1▐

3, 10, 28 중 20과 가장 가까운 수는 28입니다.

▌입출력 예 #2▐

10, 11, 12 중 13과 가장 가까운 수는 12입니다.

```python
def solution(array, n):
    closest = float("inf")
    for num in array:
        if abs(n - num) < abs(n - closest):
            closest = num
        elif abs(n - num) == abs(n - closest):
            closest = min(closest, num)
    return closest
```

array의 원소 중 n과 가장 값이 가까운 원소를 찾는 문제입니다. 가장 가까운 값을 찾기 위해 array의 원소와 n의 절대값을 사용할 것입니다. 이때 새로 들어온 값이 closest라는 가장 가까운 값 후보로 업데이트될 수 있도록 closest의 초기값을 float("inf")로 만들었습니다. 이제 for 루프로 array를 반복하면서, array의 원소와 n의 차이가 closest와 n의 차이보다 작다면 closest를 num으로 업데이트합니다.

elif가 필요한 이유는, 예를 들어 n이 4이고 closest가 2라고 했을 때 num이 6인 경우 때문입니다. 이때 두 숫자 모두 n과의 차이가 2로 동일하기 때문에 어떤 값을 closest로 업데이트할지 알 수 없습니다. 이 경우에는 문제의 조건에 따라 두 숫자 중 작은 값을 closest로 선택하면 됩니다.

풀이 **2**

```python
def solution(array, n):
    return sorted(array, key=lambda x:(abs(x-n),x))[0]
```

두 번째 풀이는 정렬을 활용하는 방법입니다. 정렬 기준을 각 원소와 n과의 차이를 첫 번째로, 그 다음 각 원소의 값을 두 번째 기준으로 해서 정렬한 다음 첫 번째 원소를 선택하면 가장 가까운 수를 구할 수 있습니다. 여기서 두 번째 기준이 없다면 차이가 같은 경우에서 올바른 값을 선택할 수 없기 때문에 두 번째 조건이 반드시 필요합니다.

문제 ⑥ 진료순서 정하기 레벨 0

문제 설명

외과의사 머쓱이는 응급실에 온 환자의 응급도를 기준으로 진료 순서를 정하려고 합니다. 정수 배열 emergency 가 매개변수로 주어질 때 응급도가 높은 순서대로 진료 순서를 정한 배열을 return하도록 solution 함수를 완성해 주세요.

제한 사항

• 중복된 원소는 없습니다.
• 1 ≤ emergency의 길이 ≤ 10
• 1 ≤ emergency의 원소 ≤ 100

입출력의 예

emergency	result
[3, 76, 24]	[3, 1, 2]
[1, 2, 3, 4, 5, 6, 7]	[7, 6, 5, 4, 3, 2, 1]
[30, 10, 23, 6, 100]	[2, 4, 3, 5, 1]

입출력 예 설명

❚ 입출력 예 #1 ❚

emergency가 [3, 76, 24]이므로 응급도의 크기 순서대로 번호를 매긴 [3, 1, 2]를 return합니다.

❚ 입출력 예 #2 ❚

emergency가 [1, 2, 3, 4, 5, 6, 7]이므로 응급도의 크기 순서대로 번호를 매긴 [7, 6, 5, 4, 3, 2, 1]를 return합니다.

❚ 입출력 예 #3 ❚

emergency가 [30, 10, 23, 6, 100]이므로 응급도의 크기 순서대로 번호를 매긴 [2, 4, 3, 5, 1]를 return합니다.

```python
def solution(emergency):
    patients = sorted(
        (-emerge, index) for index, emerge in enumerate(emergency)
    )

    orders = [0 for _ in range(len(emergency))]
    for order, (_, index) in enumerate(patients):
        orders[index] = order + 1

    return orders
```

이 문제의 핵심은 응급도와 환자의 인덱스를 함께 묶어서 생각해야 한다는 점입니다. enumerate 로 인덱스와 값을 함께 반복하면서, 응급도가 높은 환자가 앞에 오도록 내림차순 정렬을 수행했습니다. 그 다음 환자를 응급도에 따라 정렬한 **patients**를 다시 **enumerate**로 반복하면서, 앞에서부터 순서를 매겨 **orders**에 저장하면 됩니다.

```python
def solution(emergency):
    patients = {
        emerge: index + 1
        for index, emerge in enumerate(sorted(emergency, reverse=True))
    }

    return [patients[emerge] for emerge in emergency]
```

두 번째 풀이는 먼저 응급도에 따라 정렬한 다음 딕셔너리로 환자의 응급도와 순서를 만듭니다. 그 다음 원래 응급도인 **emergency**를 반복하면서 딕셔너리에 응급도를 키로 해서 진료 순서를 구할 수 있습니다.

문제 7   예산(Summer/Winter Coding - ~2018)   레벨 1

문제 설명

S사에서는 각 부서에 필요한 물품을 지원해 주기 위해 부서별로 물품을 구매하는 데 필요한 금액을 조사했습니다. 그러나 전체 예산이 정해져 있기 때문에 모든 부서의 물품을 구매해 줄 수는 없습니다. 그래서 최대한 많은 부서의 물품을 구매해 줄 수 있도록 하려고 합니다. 물품을 구매해 줄 때는 각 부서가 신청한 금액만큼을 모두 지원해 줘야 합니다. 예를 들어, 1,000원을 신청한 부서에는 정확히 1,000원을 지원해야 하며, 1,000원보다 적은 금액을 지원해 줄 수는 없습니다. 부서별로 신청한 금액이 들어있는 배열 d와 예산 budget이 매개변수로 주어질 때, 최대 몇 개의 부서에 물품을 지원할 수 있는지 return하도록 solution 함수를 완성해 주세요.

제한 사항

- d는 부서별로 신청한 금액이 들어있는 배열이며, 길이(전체 부서의 개수)는 1 이상 100 이하입니다.
- d의 각 원소는 부서별로 신청한 금액을 나타내며, 부서별 신청 금액은 1 이상 100,000 이하의 자연수입니다.
- budget은 예산을 나타내며, 1 이상 10,000,000 이하의 자연수입니다.

입출력의 예

d	budget	result
[1, 3, 2, 5, 4]	9	3
[2, 2, 3, 3]	10	4

입출력 예 설명

│ 입출력 예 #1 │

각 부서에서 [1원, 3원, 2원, 5원, 4원]만큼의 금액을 신청했습니다. 만약에, 1원, 2원, 4원을 신청한 부서의 물품을 구매해 주면 예산 9원에서 7원이 소비되어 2원이 남습니다. 항상 정확히 신청한 금액만큼 지원해 줘야 하므로 남은 2원으로 나머지 부서를 지원해 주지 않습니다. 위 방법 외에 3개 부서를 지원해 줄 방법들은 다음과 같습니다.

- 1원, 2원, 3원을 신청한 부서의 물품을 구매해 주려면 6원이 필요합니다.
- 1원, 2원, 5원을 신청한 부서의 물품을 구매해 주려면 8원이 필요합니다.
- 1원, 3원, 4원을 신청한 부서의 물품을 구매해 주려면 8원이 필요합니다.
- 1원, 3원, 5원을 신청한 부서의 물품을 구매해 주려면 9원이 필요합니다.

3개 부서보다 더 많은 부서의 물품을 구매해 줄 수는 없으므로 최대 3개 부서의 물품을 구매해 줄 수 있습니다.

│ 입출력 예 #2 │

모든 부서의 물품을 구매해 주면 10원이 됩니다. 따라서 최대 4개 부서의 물품을 구매해 줄 수 있습니다.

풀이

```python
def solution(d, budget):
    count = 0
    for bud in sorted(d):
        budget -= bud
        if budget >=0:
            count += 1
        else:
            break

    return count
```

이 문제에서 제일 중요한 아이디어는 가장 낮은 금액부터 사용해야 가장 많은 부서에 지원이 가능하다는 점입니다. 따라서 d를 정렬하고, 전체 예산에서 해당 예산을 빼면서 전체 예산이 0보다 낮아지는지를 검사합니다. 만일 0보다 크다면 횟수를 1 증가시키고, 아니라면 반복을 종료합니다.

문제 8 실패율(2019 KAKAO BLIND RECRUITMENT) 레벨 1

문제 설명

슈퍼 게임 개발자 오렐리는 큰 고민에 빠졌습니다. 그녀가 만든 프랜즈 오천성이 대성공을 거뒀지만, 요즘 신규 사용자의 수가 급감한 것입니다. 원인은 신규 사용자와 기존 사용자 사이에 스테이지 차이가 너무 큰 것이 문제였습니다. 이 문제를 어떻게 할까 고민 한 그녀는 동적으로 게임 시간을 늘려서 난이도를 조절하기로 했습니다. 역시 슈퍼 개발자라 대부분의 로직은 쉽게 구현했지만, 실패율을 구하는 부분에서 위기에 빠지고 말았습니다. 오렐리를 위해 실패율을 구하는 코드를 완성해 주세요.

> 실패율은 다음과 같이 정의합니다.
> 스테이지에 도달했으나 아직 클리어하지 못한 플레이어의 수 / 스테이지에 도달한 플레이어 수

전체 스테이지의 개수 N, 게임을 이용하는 사용자가 현재 멈춰 있는 스테이지의 번호가 담긴 배열 stages가 매개변수로 주어질 때, 실패율이 높은 스테이지부터 내림차순으로 스테이지의 번호가 담겨 있는 배열을 return하도록 solution 함수를 완성해 주세요.

제한 사항

- 스테이지의 개수 N은 1 이상 500 이하의 자연수입니다.
- stages의 길이는 1 이상 200,000 이하입니다.
- stages에는 1 이상 N + 1 이하의 자연수가 담겨 있습니다.
  - 각 자연수는 사용자가 현재 도전 중인 스테이지의 번호를 나타냅니다.
  - 단, N + 1은 마지막 스테이지(N 번째 스테이지)까지 클리어 한 사용자를 나타냅니다.
- 만약 실패율이 같은 스테이지가 있다면 작은 번호의 스테이지가 먼저 오도록 하면 됩니다.
- 스테이지에 도달한 유저가 없는 경우 해당 스테이지의 실패율은 0으로 정의합니다.

입출력의 예

N	stages	result
5	[2, 1, 2, 6, 2, 4, 3, 3]	[3,4,2,1,5]
4	[4,4,4,4,4]	[4,1,2,3]

입출력 예 설명

│ 입출력 예 #1 │

1번 스테이지에는 총 8명의 사용자가 도전했으며, 이 중 1명의 사용자가 아직 클리어하지 못했습니다. 따라서 1번 스테이지의 실패율은 다음과 같습니다.

- 1번 스테이지 실패율 : 1/8
  2번 스테이지에는 총 7명의 사용자가 도전했으며, 이 중 3명의 사용자가 아직 클리어하지 못했습니다. 따라서 2번 스테이지의 실패율은 다음과 같습니다.
- 2번 스테이지 실패율 : 3/7
  마찬가지로 나머지 스테이지의 실패율은 다음과 같습니다.
- 3번 스테이지 실패율 : 2/4

- 4번 스테이지 실패율 : 1/2
- 5번 스테이지 실패율 : 0/1

각 스테이지의 번호를 실패율의 내림차순으로 정렬하면 다음과 같습니다.

[3, 4, 2, 1, 5]

❙ 입출력 예 #2 ❙

모든 사용자가 마지막 스테이지에 있으므로 4번 스테이지의 실패율은 1이며 나머지 스테이지의 실패율은 0입니다.

[4, 1, 2, 3]

```python
from collections import Counter

def solution(N, stages):
    result = {}
    counts = Counter(stages)
    denominator = len(stages)

    for stage in range(1, N + 1):
        if denominator:
            count = counts.get(stage, 0)
            result[stage] = count / denominator
            denominator -= count
        else:
            result[stage] = 0

    return sorted(result, key=lambda x: result[x], reverse=True)
```

이 함수는 각 스테이지를 1부터 N까지 반복합니다. denominator(분모)가 0이 아닌 경우, 해당 스테이지에 도달한 플레이어 수 count를 denominator로 나누어 해당 스테이지의 실패율을 계산합니다. 이 값을 스테이지 번호를 키로 하여 result에 추가합니다. 그런 다음, denominator에서 해당 스테이지에 도달한 플레이어 수를 빼서 denominator를 업데이트합니다. denominator가 0이면 모든 플레이어가 모든 스테이지를 클리어했음을 의미하므로 해당 스테이지의 실패율은 0으로 설정됩니다. 마지막으로 이 함수는 result 딕셔너리의 키를 실패율 내림차순으로 정렬해 스테이지 번호를 리턴합니다.

02 그리디 알고리즘(탐욕법)

개념 설명

그리디 알고리즘은 솔루션을 하나씩 구축하는 알고리즘 패러다임으로, 항상 가장 분명하고 즉각적인 이점을 제공하는 다음 정답을 선택합니다. 이는 각 단계에서 당장의 최적의 선택을 하는 문제해결 방법을 따릅니다.

많은 문제에서 그리디 알고리즘은 최적의 솔루션을 생성하지 못하지만, 합리적인 시간 내에 글로벌 최적 솔루션에 근접하는 지역 최적 솔루션을 도출할 수 있습니다. 그리디 알고리즘은 지역 최적을 선택해도 전역 최적이 되는 문제에 가장 효과적입니다.

문제 1 개미 군단 레벨 0

문제 설명

개미 군단이 사냥을 나가려고 합니다. 개미군단은 사냥감의 체력에 딱 맞는 병력을 데리고 나가려고 합니다. 장군개미는 5의 공격력을, 병정개미는 3의 공격력을 일개미는 1의 공격력을 가지고 있습니다. 예를 들어, 체력 23의 여치를 사냥하려고 할 때, 일개미 23마리를 데리고 가도 되지만, 장군개미 4마리와 병정개미 1마리를 데리고 간다면 더 적은 병력으로 사냥할 수 있습니다. 사냥감의 체력 hp가 매개변수로 주어질 때, 사냥감의 체력에 딱 맞게 최소한의 병력을 구성하려면 몇 마리의 개미가 필요한지를 return하도록 solution 함수를 완성해 주세요.

제한 사항

- hp는 자연수입니다.
- $0 \leq hp \leq 1000$

입출력의 예

hp	result
23	5
24	6
999	201

입출력 예 설명

▌입출력 예 #1▌

hp가 23이므로, 장군개미 4마리와 병정개미 1마리로 사냥할 수 있습니다. 따라서 5를 return합니다.

▌입출력 예 #2▌

hp가 24이므로, 장군개미 4마리, 병정개미 1마리, 일개미 1마리로 사냥할 수 있습니다. 따라서 6을 return합니다.

▌입출력 예 #3▌

hp가 999이므로, 장군개미 199마리, 병정개미 1마리, 일개미 1마리로 사냥할 수 있습니다. 따라서 201을 return합니다.

```
def solution(hp):
    trooper = [5, 3, 1]
    count = 0

    for troop in trooper:
        quotient, hp = divmod(hp, troop)
        count += quotient
    return count
```

먼저 공격력을 내림차순으로 담은 리스트 **trooper**를 만듭니다. 이 **trooper**를 for 루프로 반복하면서, 높은 공격력부터 낮은 공격력 순으로 공격하는 상황을 가정합니다. 각 공격력 **troop**에 대해서 병사의 수를 나눗셈으로 구할 수 있습니다. 예를 들어, **hp = 23**이고 **troop = 5**인 경우는 다음과 같습니다.

```
4, 5 = divmod(23, 5)
```

즉, 병사의 수는 4, 남은 체력은 5가 됩니다. 공격력이 높은 병사를 가능한 한 많이 넣는 방식으로 문제를 풀기 때문에 그리디 알고리즘이 됩니다.

문제 ② **체육복** 레벨 1

문제 설명

점심시간에 도둑이 들어, 일부 학생이 체육복을 도난당했습니다. 다행히 여벌 체육복이 있는 학생이 이들에게 체육복을 빌려주려 합니다. 학생들의 번호는 체격순으로 매겨져 있어, 바로 앞번호의 학생이나 바로 뒷번호의 학생에게만 체육복을 빌려줄 수 있습니다. 예를 들어, 4번 학생은 3번 학생이나 5번 학생에게만 체육복을 빌려줄 수 있습니다. 체육복이 없으면 수업을 들을 수 없기 때문에 체육복을 적절히 빌려 최대한 많은 학생이 체육수업을 들어야 합니다. 전체 학생의 수 n, 체육복을 도난당한 학생들의 번호가 담긴 배열 lost, 여벌의 체육복을 가져온 학생들의 번호가 담긴 배열 reserve가 매개변수로 주어질 때, 체육수업을 들을 수 있는 학생의 최댓값을 return하도록 solution 함수를 작성해 주세요.

제한 사항

- 전체 학생의 수는 2명 이상 30명 이하입니다.
- 체육복을 도난당한 학생의 수는 1명 이상 n명 이하이고 중복되는 번호는 없습니다.
- 여벌의 체육복을 가져온 학생의 수는 1명 이상 n명 이하이고 중복되는 번호는 없습니다.
- 여벌 체육복이 있는 학생만 다른 학생에게 체육복을 빌려줄 수 있습니다.
- 여벌 체육복을 가져온 학생이 체육복을 도난당했을 수 있습니다. 이때 이 학생은 체육복을 하나만 도난당했다고 가정하며, 남은 체육복이 하나이기에 다른 학생에게는 체육복을 빌려줄 수 없습니다.

입출력의 예

n	lost	reserve	return
5	[2, 4]	[1, 3, 5]	5
5	[2, 4]	[3]	4
3	[3]	[1]	2

입출력 예 설명

┃ 예제 #1 ┃

1번 학생이 2번 학생에게 체육복을 빌려주고, 3번 학생이나 5번 학생이 4번 학생에게 체육복을 빌려주면 학생 5명이 체육수업을 들을 수 있습니다.

┃ 예제 #2 ┃

3번 학생이 2번 학생이나 4번 학생에게 체육복을 빌려주면 학생 4명이 체육수업을 들을 수 있습니다.

```python
def solution(n, lost, reserve):
    reserve, lost = set(reserve) - set(lost), set(lost) - set(reserve)

    for res in sorted(reserve):
        if res - 1 in lost:
            lost.remove(res - 1)
        elif res + 1 in lost:
            lost.remove(res + 1)

    return n - len(lost)
```

이 코드는 체육복을 분실한 학생 중 가장 가까운 학생에게 여분의 체육복을 빌려주어 지역적으로 최적의 선택을 하는 탐욕스러운 알고리즘을 사용합니다. 이는 정렬된 **reserve** 리스트를 반복하여 여분의 체육복이 있는 학생이 체육복을 분실한 학생에게 체육복을 빌려줄 수 있는지 확인하는 방식으로 수행됩니다.

먼저 여분의 체육복이 있는 학생이 자신보다 번호가 낮은 학생(**res - 1**)에게 체육복을 빌려줄 수 있는지 확인합니다. 그렇지 않은 경우, 자신보다 번호가 높은 학생에게 빌려줄 수 있는지 확인합니다(**res + 1**). 이 두 가지 조건 중 하나라도 충족되면 체육복을 분실한 학생은 **lost** 셋에서 제외됩니다.

이 접근 방식은 최종 결과에 대한 전반적인 영향을 고려하지 않고, 체육복을 분실한 학생 중 가장 가까운 학생에게 여분의 체육복을 빌려주는 "당장의" 최적의 선택을 하기 때문에 그리디 알고리즘이 됩니다.

문제 3 단속카메라 레벨 3

문제 설명

고속도로를 이동하는 모든 차량이 고속도로를 이용하면서 단속용 카메라를 한 번은 만나도록 카메라를 설치하려고 합니다. 고속도로를 이동하는 차량의 경로 routes가 매개변수로 주어질 때, 모든 차량이 한 번은 단속용 카메라를 만나도록 하려면 최소 몇 대의 카메라를 설치해야 하는지를 return하도록 solution 함수를 완성하세요.

제한 사항

- 차량의 대수는 1대 이상 10,000대 이하입니다.
- routes에는 차량의 이동 경로가 포함되어 있으며 routes[i][0]에는 i번째 차량이 고속도로에 진입한 지점, routes[i][1]에는 i번째 차량이 고속도로에서 나간 지점이 적혀 있습니다.
- 차량의 진입/진출 지점에 카메라가 설치되어 있어도 카메라를 만난 것으로 간주합니다.
- 차량의 진입 지점, 진출 지점은 −30,000 이상 30,000 이하입니다.

입출력의 예

routes	return
[[−20, −15], [−14, −5], [−18, −13], [−5, −3]]	2

입출력 예 설명

- −5 지점에 카메라를 설치하면 두 번째, 네 번째 차량이 카메라를 만납니다.
- −15 지점에 카메라를 설치하면 첫 번째, 세 번째 차량이 카메라를 만납니다.

```python
def solution(routes):
    routes = sorted(routes, key=lambda x: x[1])
    curr = -30000

    numcam = 0

    for route in routes:
        if curr < route[0]:
            numcam += 1
            curr = route[1]

    return numcam
```

현재 위치 다음에 오는 단속 카메라만 생각하면 됩니다. 단속 카메라를 만난 경우는 해당 구간의 마지막으로 현재 위치를 갱신하면서 위치를 이동시킵니다.

```python
def solution(routes):
    curr = 0
    numcam = 0

    routes = sorted(routes)
    for route in routes:
        if curr == 0:
            curr = route[1]
            numcam += 1
        elif route[1] <= curr:
            curr = route[1]
        elif route[0] > curr:
            numcam+=1
            curr = route[1]

    return numcam
```

완전탐색으로 구현한 방법입니다. 현재 진출지점에 카메라를 설치하는 아이디어입니다.

1. 다음 차량의 진출지점이 현재 카메라보다 앞에 있으면 다음 차량 진출지점으로 카메라 이동
2. 다음 차량의 진입지점이 현재 카메라보다 뒤에 있으면 새로운 카매라 설치

03 다이내믹 프로그래밍

개념 설명

다이내믹 프로그래밍은 복잡한 문제를 더 작은 하위 문제로 나누고 이러한 하위 문제에 대한 해를 저장하여 중복 계산을 피함으로써 문제를 해결하는 데 사용되는 최적화 기법입니다. 가장 좋은 예시 중 하나가 바로 피보나치 수열을 계산하는 문제입니다.

```python
def fib_rec(n):
    if n <= 1:
        return n

    return fib_rec(n - 1) + fib_rec(n - 2)

def fib_linear(n):
    fib = [0, 1]

    for i in range(2, n + 1):
        fib.append(fib[i - 1] + fib[i - 2])

    return fib[n]

def fib_iter(n):
    a, b = 0, 1
    for _ in range(n):
        a, b = b, a + b

    return a
```

이 코드는 각각 다른 접근 방식을 사용하여 피보나치 수열에서 n번째 숫자를 계산하는 세 가지 함수인 `fib_rec`, `fib_linear`, `fib_iter`를 정의합니다.

첫 번째 함수인 `fib_rec`는 재귀함수를 사용하여 n번째 피보나치 수를 계산합니다. 이 함수는 시퀀스에서 원하는 피보나치수의 위치를 나타내는 하나의 인자 n을 받습니다. n이 1보다 작거나 같으면 이 함수는 n을 결과로 반환합니다. 그렇지 않으면 n - 1과 n - 2를 인수로 재귀적으로 호출하고 결과를 합산하여 n번째 피보나치수를 계산합니다.

두 번째 함수인 `fib_linear`는 `fib`이라는 리스트를 만들고 여기에 피보나치 수를 저장합니다. 피보나치 수열의 처음 두 숫자(0과 1)를 `fib`에 넣어둡니다. 2에서 n까지 반복하면서 이전 두 숫자를 더하여 각 후속 피보나치 수를 계산합니다. 그런 다음, 계산된 피보나치 수가 추가됩니다. n번째 위치까지의 모든 피보나치수가 계산된 후 이 함수는 결괏값으로 `fib`의 n번째 숫자를 리턴합니다.

세 번째 함수인 `fib_iter`는 값을 반복적으로 계산해서 n번째 피보나치수를 계산합니다. 이 함수는 시퀀스에서 원하는 피보나치수의 위치를 나타내는 하나의 인자 n을 받습니다. 이 함수는 피보나치 수열의 처음 두 숫자(0과 1)로 두 변수 a와 b를 초기화합니다. 그런 다음, 0에서 n - 1까지 반복하면서 다음 피보나치 수를 계산합니다. 모든 반복이 완료되면 함수는 결괏값으로 a 값을 리턴합니다.

세 함수 모두 같은 값을 리턴하지만, 같은 값을 반복적으로 계산하기 때문에 매우 비효율적입니다.

```python
def fib_dp(n, memo = {}):
    if n in memo:
        return memo[n]
    if n <= 1:
        return n
    result = fib_dp(n - 1, memo) + fib_dp(n - 2, memo)
    memo[n] = result
    return result
```

이 함수에서는 `memo` 딕셔너리를 사용하여 이전 `fib_dp` 함수 호출의 결과를 저장합니다. 주어진 입력 n으로 함수를 호출하면 먼저 해당 입력에 대한 결과가 이미 계산되어 `memo`에 저장되어 있는지 확인합니다. 이미 저장된 경우, 함수는 재계산을 피하기 위해 저장된 결과를 리턴합니다.

주어진 입력 n에 대한 결과가 이전에 계산된 적이 없는 경우, 이 함수는 재귀함수를 사용해 결과를 계산합니다. 그러나 n - 1과 n - 2를 인수로 사용하여 직접 호출하는 대신, 지금까지의 `memo`를 함께 전달해서 이전에 계산된 결과를 재사용합니다. 주어진 입력 n에 대한 결과를 계산한 후 함수는 나중에 재사용할 수 있도록 현재의 결과를 `memo`에 저장하고 이를 최종 결과로 반환합니다.

메모화를 사용한 이 동적 프로그래밍 접근 방식은 중복 계산을 방지하여 특히 n 값이 큰 경우 피보나치 수 계산 성능을 크게 향상시킬 수 있습니다. 특히 재귀함수를 사용하면 시간 복잡도가 $O(\exp(N))$이지만, 다이내믹 프로그래밍을 사용하면 $O(n)$입니다. 지금까지 소개한 네 함수를 주피터 노트북에서 성능을 확인해보면 다음과 같습니다.

```
%timeit fib_rec(n)
%timeit fib_linear(n)
%timeit fib_iter(n)
%timeit fib_dp(n)
```

실행 결과

```
24.2 µs ± 2.28 µs per loop (mean ± std. dev. of 7 runs, 10,000 loops each)
2.21 µs ± 175 ns per loop (mean ± std. dev. of 7 runs, 100,000 loops each)
735 ns ± 62.5 ns per loop (mean ± std. dev. of 7 runs, 1,000,000 loops each)
147 ns ± 2.38 ns per loop (mean ± std. dev. of 7 runs, 10,000,000 loops each)
```

1ns가 1000µs이므로 **fib_dp**가 재귀 방식에 비해 거의 8배 이상 빠른 것을 알 수 있습니다.

문제 1 　 N으로 표현 레벨 3

문제 설명

아래와 같이 5와 사칙연산만으로 12를 표현할 수 있습니다.

- 12 = 5 + 5 + (5 / 5) + (5 / 5)
- 12 = 55 / 5 + 5 / 5
- 12 = (55 + 5) / 5

5를 사용한 횟수는 각각 6, 5, 4입니다. 그리고 이중 가장 작은 경우는 4입니다. 이처럼 숫자 N과 number가 주어질 때, N과 사칙연산만 사용해서 표현할 수 있는 방법 중 N 사용횟수의 최솟값을 return하도록 solution 함수를 작성하세요.

제한 사항

- N은 1 이상 9 이하입니다.
- number는 1 이상 32,000 이하입니다.
- 수식에는 괄호와 사칙연산만 가능하며 나누기 연산에서 나머지는 무시합니다.
- 최솟값이 8보다 크면 −1을 return합니다.

입출력의 예

N	number	return
5	12	4
2	11	3

입출력 예 설명

┃예제 #1┃

문제에 나온 예와 같습니다.

┃예제 #2┃

11 = 22 / 2와 같이 2를 3번만 사용하여 표현할 수 있습니다.

풀이

```python
def solution(N, number):
    memo = []

    for i in range(1, 9):
        numbers = {int(str(N) * i)}
        for j in range(i - 1):
            for x in memo[j]:
                for y in memo[-j - 1]:
                    numbers.update([x + y, x - y, x * y])
                    if y != 0:
                        numbers.add(x // y)

        if number in numbers:
            return i

        memo.append(numbers)

    return -1
```

더하기, 빼기, 곱하기, 나누기 연산만 사용하여 표현식에서 숫자 N을 사용해야 목표 숫자를 구할 수 있는 최소 횟수를 구하는 문제입니다. 먼저 memo에 숫자 N을 서로 다른 횟수로 사용한 문자열 셋을 저장합니다. 예를 들어, N = 5일 때 한 번만 사용해서 만들 수 있는 숫자 5와 두 번 사용해서 만들 수 있는 숫자 55를 저장합니다. 이제 최대 9번까지 숫자 N을 사용해서 얻을 수 있는 숫자 "NN…NN"부터 시작해서 사칙연산으로 만들 수 있는 다른 모든 가능한 경우를 계산합니다. 여기서 이전 단계의 숫자가 필요해서 memo를 사용해 이전 단계의 값을 저장하는 것입니다. 예를 들어, N = 5인 경우의 numbers는 다음과 같습니다.

```
{5} # 1번
{0, 1, 10, 55, 25} # 2번
{0, 2, 4, 5, 6, 555, -20, -4, -50, 15, 11, 50, 275, 20, -5, 60, 125, 30} # 3번
```

그 다음 number가 숫자 집합에 있는지 확인합니다. 집합에 있으면 i를 결과로 반환합니다. 그렇지 않으면 지금까지 계산한 숫자 집합을 memo에 추가하고 다음 반복을 계속합니다. 숫자 N을 9번 미만으로 사용하여 목표 숫자를 얻을 수 없는 경우 함수는 −1을 리턴합니다.

문제 ❷ 등굣길 레벨 3

문제 설명

계속되는 폭우로 일부 지역이 물에 잠겼습니다. 물에 잠기지 않은 지역을 통해 학교를 가려고 합니다. 집에서 학교까지 가는 길은 m x n 크기의 격자모양으로 나타낼 수 있습니다. 아래 그림은 m = 4, n = 3인 경우입니다.

가장 왼쪽 위, 즉 집이 있는 곳의 좌표는 (1, 1)로 나타내고 가장 오른쪽 아래, 즉 학교가 있는 곳의 좌표는 (m, n)으로 나타냅니다. 격자의 크기 m, n과 물이 잠긴 지역의 좌표를 담은 2차원 배열 puddles이 매개변수로 주어집니다. 오른쪽과 아래쪽으로만 움직여 집에서 학교까지 갈 수 있는 최단경로의 개수를 1,000,000,007로 나눈 나머지를 return하도록 solution 함수를 작성해 주세요.

제한 사항

- 격자의 크기 m, n은 1 이상 100 이하인 자연수입니다.
  - m과 n이 모두 1인 경우는 입력으로 주어지지 않습니다.
- 물에 잠긴 지역은 0개 이상 10개 이하입니다.
- 집과 학교가 물에 잠긴 경우는 입력으로 주어지지 않습니다.

입출력의 예

m	n	puddles	return
4	3	[[2, 2]]	4

입출력 예 설명

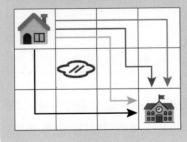

```python
def solution(m, n, puddles):
    puddles = {(q, p) for p, q in puddles}
    denom = 1000000007
    dp = [[0] * (m + 1) for _ in range(n + 1)]
    dp[1][1] = 1
    for i in range(1, n + 1):
        for j in range(1, m + 1):
            if i == 1 and j == 1:
                continue
            if (i, j) in puddles:
                dp[i][j] = 0
            else:
                dp[i][j] = (dp[i - 1][j] + dp[i][j - 1]) % denom
    return dp[n][m]
```

방문 가능한 경로를 빠르게 찾기 위해서 puddles 리스트를 튜플의 셋으로 변환합니다. 그런 다음, 지금까지의 방문 상황을 저장할 가로 n+1, 세로 m+1 크기의 dp라는 2차원 리스트를 0으로 초기화합니다. dp[1][1]의 값을 1로 설정합니다. 이는 시작점에 도달할 수 있는 방법의 수가 단 한 가지라는 것을 나타냅니다. 그런 다음, 이 함수는 중첩된 두 개의 for루프를 사용하여 그리드의 각 셀을 반복합니다. 현재 셀이 위치 (1, 1)에 있으면 이미 초기화되었으므로 건너뜁니다. 현재 셀이 puddles인 경우 puddles에 도달할 수 있는 방법이 없으므로 값을 0으로 설정합니다. puddles이 아니라면 현재 셀의 값을 그 위에 있는 셀의 값(dp[i - 1][j])과 왼쪽 셀의 값(dp[i][j - 1])의 합으로 설정합니다.

문제의 조건에 따라 이 값을 항상 denom으로 나눈 나머지로 유지합니다. 마지막으로 그리드의 모든 셀을 반복한 후 왼쪽 상단 모서리에서 오른쪽 하단 모서리에 도달하는 총 방법 수를 나타내는 dp[n][m]을 리턴합니다.

문제 ❸   정수 삼각형 레벨 3

문제 설명

```
        7
      3   8
    8   1   0
  2   7   4   4
4   5   2   6   5
```

위와 같은 삼각형의 꼭대기에서 바닥까지 이어지는 경로 중, 거쳐간 숫자의 합이 가장 큰 경우를 찾아보려고 합니다. 아래 칸으로 이동할 때는 대각선 방향으로 한 칸 오른쪽 또는 왼쪽으로만 이동 가능합니다. 예를 들어, 3에서는 그 아래칸의 8 또는 1로만 이동이 가능합니다. 삼각형의 정보가 담긴 배열 triangle이 매개변수로 주어질 때, 거쳐간 숫자의 최댓값을 return하도록 solution 함수를 완성하세요.

제한 사항

• 삼각형의 높이는 1 이상 500 이하입니다.
• 삼각형을 이루고 있는 숫자는 0 이상 9,999 이하의 정수입니다.

입출력의 예

triangle	result
[[7], [3, 8], [8, 1, 0], [2, 7, 4, 4], [4, 5, 2, 6, 5]]	30

```python
def solution(triangle):
    pre = triangle[0]
    for step in triangle[1:]:
        for idx in range(len(step)):
            if idx == 0:
                step[idx] += pre[idx]
            elif idx == len(step) - 1:
                step[idx] += pre[-1]
            else:
                step[idx] += max(pre[idx - 1], pre[idx])
        pre = step

    return max(step)
```

주어진 삼각형 **triangle** 자체에 현재 단계의 계산 결과를 저장하는 풀이입니다. 이전 행에 있는 인접한 두 요소의 최댓값을 현재 요소에 더하는 방식으로 이 작업을 수행합니다. 이렇게 하면 가능한 각 경로의 최대 합계를 다시 계산하지 않고 하위 문제(이전 행의 각 요소에 대한 최대 합계)에 대한 해를 기반으로 더 큰 문제(마지막 행의 모든 요소에 대한 최대 합계)에 대한 해를 찾을 수 있습니다.

현재 요소가 행의 첫 번째 또는 마지막 요소인 경우(**if**와 **elif**), 이전 행(전)에 있는 해당 요소의 값을 더합니다. 이때 각 행의 길이가 다르기 때문에 마지막 요소를 **pre[-1]**과 같이 나타내는 점에 주의합니다. 그렇지 않으면(**else**) 이전 행에 있는 인접한 두 요소의 최댓값을 더합니다. 이렇게 하면 현재 행의 각 요소는 삼각형의 상단에서 이 요소까지 이동하여 얻을 수 있는 최대 합계를 나타냅니다. 현재 행의 모든 요소를 업데이트한 후 이전 행(**pre**)을 현재 행(**step**)으로 설정합니다. 모든 순회가 끝나고 현재 행 **step**의 최댓값을 구하면 됩니다.

더 멋진 내일(Tomorrow)을 위한 내일(My Career)

내 일 은 코 딩 테 스 트

05

실전 문제

01 구현(난이도 Up)

프로그래머스

문제 1 안전지대 레벨 0

문제 설명

다음 그림과 같이 지뢰가 있는 지역과 지뢰에 인접한 위, 아래, 좌, 우 대각선 칸을 모두 위험지역으로 분류합니다.

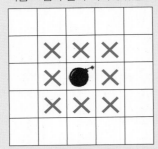

지뢰는 2차원 배열 board에 1로 표시되어 있고 board에는 지뢰가 매설된 지역 1과, 지뢰가 없는 지역 0만 존재합니다. 지뢰가 매설된 지역의 지도 board가 매개변수로 주어질 때, 안전한 지역의 칸 수를 return하도록 solution 함수를 완성해 주세요.

제한 사항

- board는 n * n 배열입니다.
- 1 ≤ n ≤ 100
- 지뢰는 1로 표시되어 있습니다.
- board에는 지뢰가 있는 지역 1과 지뢰가 없는 지역 0만 존재합니다.

입출력의 예

board	result
[[0, 0, 0, 0, 0], [0, 0, 0, 0, 0], [0, 0, 0, 0, 0], [0, 0, 1, 0, 0], [0, 0, 0, 0, 0]]	16
[[0, 0, 0, 0, 0], [0, 0, 0, 0, 0], [0, 0, 0, 0, 0], [0, 0, 1, 1, 0], [0, 0, 0, 0, 0]]	13
[[1, 1, 1, 1, 1, 1], [1, 1, 1, 1, 1, 1], [1, 1, 1, 1, 1, 1], [1, 1, 1, 1, 1, 1], [1, 1, 1, 1, 1, 1], [1, 1, 1, 1, 1, 1]]	0

▌ 입출력 예 #1 ▌

(3, 2)에 지뢰가 있으므로 지뢰가 있는 지역과 지뢰와 인접한 위, 아래, 좌, 우, 대각선 총 8칸은 위험지역입니다. 따라서 16을 return합니다.

▌ 입출력 예 #2 ▌

(3, 2), (3, 3)에 지뢰가 있으므로 지뢰가 있는 지역과 지뢰와 인접한 위, 아래, 좌, 우, 대각선은 위험지역입니다. 따라서 위험지역을 제외한 칸 수 13을 return합니다.

▌ 입출력 예 #3 ▌

모든 지역에 지뢰가 있으므로 안전지역은 없습니다. 따라서 0을 return합니다.

```python
def solution(board):
    n = len(board)
    danger = set()
    for i, row in enumerate(board):
        for j, x in enumerate(row):
            if x:
                danger.update(
                    (i + di, j + dj)
                    for di in [-1, 0, 1]
                    for dj in [-1, 0, 1]
                    if 0 <= i + di < n and 0 <= j + dj < n
                )
    return n * n - len(danger)
```

가장 먼저, 보드(board)를 한 줄(row)씩 반복하면서 해당 줄의 칸 (x)가 지뢰칸인지, 즉 값이 1인지를 검사합니다. 만일 지뢰칸이라면 해당 칸 주변을 전부 danger 셋에 추가해 위험한 지역으로 표시합니다. 이때 주변 칸이 보드의 범위를 벗어나지 않는지 확인하는 조건을 추가해야 합니다. 전체 칸 수 n*n에서 danger 셋의 길이를 빼주면 정답을 구할 수 있습니다.

문제 ❷ 평행 레벨 0

문제 설명

점 네 개의 좌표를 담은 이차원 배열 dots가 다음과 같이 매개변수로 주어집니다.

[[x1, y1], [x2, y2], [x3, y3], [x4, y4]]

주어진 네 개의 점을 두 개씩이었을 때, 두 직선이 평행이 되는 경우가 있으면 1을, 없으면 0을 return하도록 solution 함수를 완성해보세요.

제한 사항

- dots의 길이 = 4
- dots의 원소는 [x, y] 형태이며 x, y는 정수입니다.
  - $0 \le x, y \le 100$
- 서로 다른 두 개 이상의 점이 겹치는 경우는 없습니다.
- 두 직선이 겹치는 경우(일치하는 경우)에도 1을 return해 주세요.
- 임의의 두 점을 이은 직선이 x축 또는 y축과 평행한 경우는 주어지지 않습니다.

입출력의 예

dots	result
[[1, 4], [9, 2], [3, 8], [11, 6]]	1
[[3, 5], [4, 1], [2, 4], [5, 10]]	0

입출력 예 설명

▮입출력 예 #1▮

점 [1, 4], [3, 8]을 잇고 [9, 2], [11, 6]을 이으면 두 선분은 평행합니다.

▮입출력 예 #2▮

점을 어떻게 연결해도 평행하지 않습니다.

itertools는 이터레이터를 처리하기 위한 도구 모음을 제공하는 파이썬 표준 라이브러리의 모듈입니다. 이터레이터는 반복(루프)할 수 있고 한 번에 한 요소씩 데이터를 반환하는 객체입니다. 'itertools' 모듈은 이터레이터를 생성하고 조작하기 위한 빠르고 메모리 효율적인 도구 세트를 제공합니다. itertools 모듈에서 가장 일반적으로 사용되는 함수는 combinations와 permutations가 있습니다. 각각은 이터러블에서 요소의 가능한 모든 조합 또는 순열을 생성하는 데 사용됩니다. combinations 함수는 입력 이터러블에서 주어진 길이의 가능한 모든 조합을 생성합니다. 다음은 리스트 [1, 2, 3]에 있는 요소의 모든 2조합을 생성하는 예제입니다.

```
from itertools import combinations

elements = [1, 2, 3]
result = list(combinations(elements, 2))
print(result)
```

실행 결과
```
[(1, 2), (1, 3), (2, 3)]
```

permutations 함수는 입력 이터러블에서 주어진 길이의 가능한 모든 순열을 생성합니다. 다음은 목록 [1, 2, 3]에 있는 요소의 모든 2순열을 생성하는 예제입니다.

```
from itertools import permutations

elements = [1, 2, 3]
result = list(permutations(elements, 2))
print(result)
```

실행 결과
```
[(1, 2), (1, 3), (2, 1), (2, 3), (3, 1), (3, 2)]
```

이를 활용해 문제를 풀어보면 다음과 같습니다.

```
from itertools import combinations

def inclination(point1, point2):
    return (point2[1] - point1[1]) / (point2[0] - point1[0])

def solution(dots):
    combs = combinations(dots, 2)
    inclinations = set()

    for comb in combs:
        inclinations.add(inclination(*comb))

    return 1 if len(inclinations) == 1 else 0
```

이 함수는 먼저 itertools 모듈에서 combinations 함수를 가져옵니다. 그리고 두 점의 가능한 모든 조합을 생성하는 데 사용됩니다. 그런 다음, 두 개의 인수를 취하는 함수 inclination을 정의합니다(point1과 point2). (point2[1] - point1[1]) / (point2[0] - point1[0]) 공식을 사용하여 두 점을 통과하는 선의 경사를 계산한 후, combinations 함수를 사용하여 두 점의 모든 조합을 생성하고 빈 셋 inclinations를 초기화합니다. 모든 점의 조합을 반복하고 inclination 함수를 사용하여 기울기를 계산합니다. 계산된 기울기는 '기울기' 셋에 추가됩니다. 모든 조합이 처리된 후 함수는 inclinations 셋의 크기가 1인지, 즉 모든 점이 동일한 경사를 가지므로 같은 선에 놓여 있는지 확인합니다. 이 경우 함수는 1을 반환하고 그렇지 않으면 0을 반환합니다.

문제 3 캐릭터의 좌표 레벨 0

문제 설명

머쓱이는 RPG게임을 하고 있습니다. 게임에는 up, down, left, right 방향키가 있으며 각 키를 누르면 위, 아래, 왼쪽, 오른쪽으로 한 칸씩 이동합니다. 예를 들어, [0, 0]에서 up을 누른다면 캐릭터의 좌표는 [0, 1], down을 누른다면 [0, -1], left를 누른다면 [-1, 0], right를 누른다면 [1, 0]입니다. 머쓱이가 입력한 방향키의 배열 keyinput와 맵의 크기 board이 매개변수로 주어집니다. 캐릭터는 항상 [0,0]에서 시작할 때 키 입력이 모두 끝난 뒤에 캐릭터의 좌표 [x, y]를 return하도록 solution 함수를 완성해 주세요.

[0, 0]은 board의 정 중앙에 위치합니다. 예를 들어, board의 가로 크기가 9라면 캐릭터는 왼쪽으로 최대 [-4, 0]까지 오른쪽으로 최대 [4, 0]까지 이동할 수 있습니다.

제한 사항

- board은 [가로 크기, 세로 크기] 형태로 주어집니다.
- board의 가로 크기와 세로 크기는 홀수입니다.
- board의 크기를 벗어난 방향키 입력은 무시합니다.
- 0 ≤ keyinput의 길이 ≤ 50
- 1 ≤ board[0] ≤ 99
- 1 ≤ board[1] ≤ 99
- keyinput은 항상 up, down, left, right만 주어집니다.

입출력의 예

keyinput	board	result
["left", "right", "up", "right", "right"]	[11, 11]	[2, 1]
["down", "down", "down", "down", "down"]	[7, 9]	[0, -4]

입출력 예 설명

┃입출력 예 #1┃

[0, 0]에서 왼쪽으로 한 칸 오른쪽으로 한 칸 위로 한 칸 오른쪽으로 두 칸 이동한 좌표는 [2, 1]입니다.

┃입출력 예 #2┃

[0, 0]에서 아래로 다섯 칸 이동한 좌표는 [0, -5]이지만 맵의 세로 크기가 9이므로 아래로는 네 칸을 넘어서 이동할 수 없습니다. 따라서 [0, -4]를 return합니다.

```
def solution(keyinput, board):
    def is_safe(x, y):
        return -width <= x <= width and -height <= y <= height

    width = board[0] // 2
    height = board[1] // 2
    pos = [0, 0]
    for key in keyinput:
        if key == "up":
            move = [0, 1]
        elif key == "down":
            move = [0, -1]
        elif key == "right":
            move = [1, 0]
        else:
            move = [-1, 0]

        if is_safe(pos[0] + move[0], pos[1] + move[1]):
            pos[0] += move[0]
            pos[1] += move[1]
    return pos
```

너비 width와 높이 height는 각각 board의 너비와 높이의 절반으로 설정되고, pos는 보드의 시작 위치를 나타내는 [0, 0]으로 초기화합니다. 그런 다음, 함수는 for 루프를 사용하여 keyinput을 반복합니다. 각 키의 값에 따라서, 보드에서 다음에 어디로 이동할지를 결정해 이동 방향을 move에 저장합니다. 그리고 현재 위치 pos에서 move 방향으로 이동하는 경우, is_safe 함수를 사용해 새로운 위치로 이동하는 것이 가능한지, 즉 보드의 범위 안에 있는지를 확인합니다. 이 새 위치로 이동하는 것이 안전하면 이 이동을 반영하도록 위치를 업데이트합니다. 순회를 마치고 나서 최종 위치를 나타내는 pos를 리턴합니다.

문제 4   덧칠하기 레벨 1

문제 설명

어느 학교에 페인트가 칠해진 길이가 n미터인 벽이 있습니다. 벽에 동아리·학회 홍보나 회사 채용 공고 포스터 등을 게시하기 위해 테이프로 붙였다가 철거할 때 떼는 일이 많고 그 과정에서 페인트가 벗겨지곤 합니다. 페인트가 벗겨진 벽이 보기 흉해져 학교는 벽에 페인트를 덧칠하기로 했습니다. 넓은 벽 전체에 페인트를 새로 칠하는 대신, 구역을 나누어 일부만 페인트를 새로 칠 함으로써 예산을 아끼려 합니다. 이를 위해 벽을 1미터 길이의 구역 n개로 나누고, 각 구역에 왼쪽부터 순서대로 1번부터 n번까지 번호를 붙였습니다. 그리고 페인트를 다시 칠해야 할 구역들을 정했습니다. 벽에 페인트를 칠하는 롤러의 길이는 m미터이고, 롤러로 벽에 페인트를 한 번 칠하는 규칙은 다음과 같습니다.

- 롤러가 벽에서 벗어나면 안 됩니다.
- 구역의 일부분만 포함되도록 칠하면 안 됩니다.

즉, 롤러의 좌우측 끝을 구역의 경계선 혹은 벽의 좌우측 끝부분에 맞춘 후 롤러를 위아래로 움직이면서 벽을 칠합니다. 현재 페인트를 칠하는 구역들을 완전히 칠한 후 벽에서 롤러를 떼며, 이를 벽을 한 번 칠했다고 정의합니다. 한 구역에 페인트를 여러 번 칠해도 되고 다시 칠해야 할 구역이 아닌 곳에 페인트를 칠해도 되지만 다시 칠하기로 정한 구역은 적어도 한 번 페인트칠을 해야 합니다. 예산을 아끼기 위해 다시 칠할 구역을 정했듯 마찬가지로 롤러로 페인트칠을 하는 횟수를 최소화하려고 합니다. 정수 n, m과 다시 페인트를 칠하기로 정한 구역들의 번호가 담긴 정수 배열 section이 매개변수로 주어질 때 롤러로 페인트칠해야 하는 최소 횟수를 return하는 solution 함수를 작성해 주세요.

제한 사항

- $1 \leq m \leq n \leq 100,000$
- $1 \leq$ section의 길이 $\leq n$
  - $1 \leq$ section의 원소 $\leq n$
  - section의 원소는 페인트를 다시 칠해야 하는 구역의 번호입니다.
  - section에서 같은 원소가 두 번 이상 나타나지 않습니다.
  - section의 원소는 오름차순으로 정렬되어 있습니다.

입출력의 예

n	m	section	result
8	4	[2, 3, 6]	2
5	4	[1, 3]	1
4	1	[1, 2, 3, 4]	4

┃ 입출력 예 #1 ┃

예제 1번은 2, 3, 6번 영역에 페인트를 다시 칠해야 합니다. 롤러의 길이가 4미터이므로 한 번의 페인트칠에 연속된 4개의 구역을 칠할 수 있습니다. 처음에 3, 4, 5, 6번 영역에 페인트칠을 하면 칠해야 할 곳으로 2번 구역만 남고 1, 2, 3, 4번 구역에 페인트칠을 하면 2번 만에 다시 칠해야 할 곳에 모두 페인트칠을 할 수 있습니다.

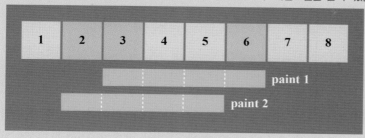

2번보다 적은 횟수로 2, 3, 6번 영역에 페인트를 덧칠하는 방법은 없습니다. 따라서 최소 횟수인 2를 return합니다.

┃ 입출력 예 #2 ┃

예제 2번은 1, 3번 영역에 페인트를 다시 칠해야 합니다. 롤러의 길이가 3미터이므로 한 번의 페인트칠에 연속된 3개의 구역을 칠할 수 있고 1, 2, 3번 영역에 페인트칠을 하면 한 번에 1, 3번 영역을 모두 칠할 수 있습니다.

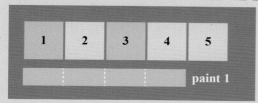

따라서 최소 횟수인 1을 return합니다.

┃ 입출력 예 #3 ┃

예제 3번은 모든 구역에 페인트칠을 해야 합니다. 롤러의 길이가 1미터이므로 한 번에 한 구역밖에 칠할 수 없습니다. 구역이 4개이므로 각 구역을 한 번씩만 칠하는 4번이 최소 횟수가 됩니다.

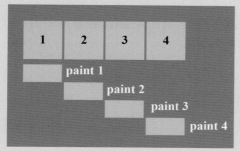

따라서 4를 return합니다.

```
def solution(n, m, section):
    answer = 0
    last = 0
    for s in section:
        if s > last:
            answer += 1
            last = s + m - 1
    return answer
```

answer는 롤러로 페인트칠해야 하는 최소 횟수를 저장합니다. last는 마지막으로 칠한 구역의 번호를 저장합니다. section 배열의 각 요소에 대해 현재 구역의 번호가 last보다 큰 경우 answer를 1 증가시키고, 아니라면 last를 현재 구역의 번호 + m − 1로 업데이트합니다. 롤러의 길이가 m미터이므로 한 번 칠할 때마다 m개의 구역을 칠할 수 있습니다. 따라서 이전에 칠한 구역의 번호와 현재 구역의 번호를 비교하여 롤러로 다시 칠해야 하는지를 결정합니다. 예를 들어, n = 7, m = 2, section = [2, 3, 4, 6]인 경우 다음과 같이 작동합니다.

● answer와 last를 0으로 초기화합니다.

● section 배열을 정렬하면 [2, 3, 4, 6]이 됩니다.

● 첫 번째 구역은 2번 구역입니다. 이 구역은 last(0)보다 크므로 answer를 1 증가시키고 last를 2 + 2 − 1 = 3으로 업데이트합니다.

● 두 번째 구역은 3번 구역입니다. 이 구역은 last(3)보다 작거나 같으므로 아무것도 하지 않습니다.

● 세 번째 구역은 4번 구역입니다. 이 구역은 last(3)보다 크므로 answer를 1 증가시키고 last를 4 + 2 − 1 = 5로 업데이트합니다.

● 네 번째 구역은 6번 구역입니다. 이 구역은 last(5)보다 크므로 answer를 1 증가시키고 last를 6 + 2 − 1 = 7로 업데이트합니다.

● 모든 구역을 검사했으므로 answer(3)을 반환합니다.

따라서 이 경우 롤러로 페인트칠해야 하는 최소 횟수는 3입니다.

문제 5   공원 산책 레벨 1

문제 설명

지나다니는 길을 'O', 장애물을 'X'로 나타낸 직사각형 격자 모양의 공원에서 로봇 강아지가 산책을 하려 합니다. 산책은 로봇 강아지에 미리 입력된 명령에 따라 진행하며, 명령은 다음과 같은 형식으로 주어집니다.

["방향 거리", "방향 거리" …]

예를 들어 "E 5"는 로봇 강아지가 현재 위치에서 동쪽으로 5칸 이동했다는 의미입니다. 로봇 강아지는 명령을 수행하기 전에 다음 두 가지를 먼저 확인합니다.

- 주어진 방향으로 이동할 때 공원을 벗어나는지 확인합니다.
- 주어진 방향으로 이동 중 장애물을 만나는지 확인합니다.

위 두 가지 중 어느 하나라도 해당된다면, 로봇 강아지는 해당 명령을 무시하고 다음 명령을 수행합니다. 공원의 가로 길이가 W, 세로 길이가 H라고 할 때, 공원의 좌측 상단의 좌표는 (0, 0), 우측 하단의 좌표는 (H − 1, W − 1)입니다.

공원을 나타내는 문자열 배열 park, 로봇 강아지가 수행할 명령이 담긴 문자열 배열 routes가 매개변수로 주어질 때, 로봇 강아지가 모든 명령을 수행 후 놓인 위치를 [세로 방향 좌표, 가로 방향 좌표] 순으로 배열에 담아 return하도록 solution 함수를 완성해 주세요.

제한 사항

- 3 ≤ park의 길이 ≤ 50
  - 3 ≤ park[i]의 길이 ≤ 50
    → park[i]는 다음 문자들로 이루어져 있으며 시작지점은 하나만 주어집니다.
      └ S : 시작 지점
      └ O : 이동 가능한 통로
      └ X : 장애물
      └ park는 직사각형 모양입니다.
- 1 ≤ routes의 길이 ≤ 50
  - routes의 각 원소는 로봇 강아지가 수행할 명령어를 나타냅니다.

- 로봇 강아지는 routes의 첫 번째 원소부터 순서대로 명령을 수행합니다.
- routes의 원소는 "op n"과 같은 구조로 이루어져 있으며, op는 이동할 방향, n은 이동할 칸의 수를 의미합니다.
  → op는 다음 네 가지중 하나로 이루어져 있습니다.
    └ N : 북쪽으로 주어진 칸만큼 이동합니다.
    └ S : 남쪽으로 주어진 칸만큼 이동합니다.
    └ W : 서쪽으로 주어진 칸만큼 이동합니다.
    └ E : 동쪽으로 주어진 칸만큼 이동합니다.
  → $1 \leq n \leq 9$

입출력의 예

park	routes	result
["SOO", "OOO", "OOO"]	["E 2", "S 2", "W 1"]	[2,1]
["SOO", "OXX", "OOO"]	["E 2", "S 2", "W 1"]	[0,1]
["OSO", "OOO", "OXO", "OOO"]	["E 2", "S 3", "W 1"]	[0,0]

입출력 예 설명

▌입출력 예 #1 ▌

입력된 명령대로 동쪽으로 2칸, 남쪽으로 2칸, 서쪽으로 1칸 이동하면 [0, 0] → [0, 2] → [2, 2] → [2, 1]이 됩니다.

▌입출력 예 #2 ▌

입력된 명령대로라면 동쪽으로 2칸, 남쪽으로 2칸, 서쪽으로 1칸 이동해야 하지만 남쪽으로 2칸 이동할 때 장애물이 있는 칸을 지나기 때문에 해당 명령을 제외한 명령들만 따릅니다. 결과적으로는 [0, 0] → [0, 2] → [0, 1]이 됩니다.

▌입출력 예 #3 ▌

처음 입력된 명령은 공원을 나가게 되고 두 번째로 입력된 명령 또한 장애물을 지나가게 되므로 두 입력을 제외한 세 번째 명령만 따르므로 결과는 다음과 같습니다. [0, 1] → [0, 0]

```python
def solution(park, routes):
    w, h = len(park), len(park[0])
    for i, v in enumerate(park):
        if 'S' in v:
            y, x = i, v.find("S")

    navi = {'E': [1, 0], 'W': [-1, 0], 'S': [0, 1], 'N': [0, -1]}
    for route in routes:
        direction, steps = route.split(' ')
        steps = int(steps)

        dir_x, dir_y = navi[direction]
        if not (
            (x + dir_x * steps) in range(0, h)
            and (y + dir_y * steps) in range(0, w)
        ):
            continue

        block = False
        for step in range(1, steps + 1):
            if park[y + dir_y * step][x + dir_x * step] == 'X':
                block = True
                break

        if not block:
            x += dir_x * steps
            y += dir_y * steps

    return [y, x]
```

이 문제는 앞에서 살펴본 다른 문제들처럼 주어진 격자 지도를 탐색하는 문제인데, 다른 점은 장애물을 만나면 그 방향으로는 이동하지 않는다는 점입니다. 이를 위해서 해당 방향으로 이동할 수 있는 칸수를 계산할 때 중간에 장애물이 있는지를 확인하는 과정이 필요합니다.

먼저 시작 지점 "S"가 포함된 곳의 좌표를 찾습니다. 그리고 주어진 이동 방향 routes를 반복하며 시작 위치로부터 로봇 강아지를 움직입니다. 이때 최종 이동 위치가 보드를 벗어나지 않는지를 체크하고, 벗어나지 않는 경우에만 이동시킵니다. 위에서 언급했던 장애물을 찾기 위해서 현재 위치에서 주어진 방향으로 한 칸씩을 총 steps만큼 이동합니다. 이때 이동한 좌표의 값이

"X"면 장애물을 만난 것이므로 더이상 진행하지 않고 for 루프를 종료합니다.

중간에 장애물을 만나지 않은 경우는 block이 False이므로 이 경우에 현재 위치를 이동한 만큼 업데이트합니다. 이 과정을 모든 routes에 대해서 반복하면 됩니다.

문제 설명

숫자나라 기사단의 각 기사에게는 1번부터 number까지 번호가 지정되어 있습니다. 기사들은 무기점에서 무기를 구매하려고 합니다. 각 기사는 자신의 기사 번호의 약수 개수에 해당하는 공격력을 가진 무기를 구매하려 합니다. 단, 이웃나라와의 협약에 의해 공격력의 제한수치를 정하고, 제한수치보다 큰 공격력을 가진 무기를 구매해야 하는 기사는 협약기관에서 정한 공격력을 가지는 무기를 구매해야 합니다. 예를 들어, 15번으로 지정된 기사단원은 15의 약수가 1, 3, 5, 15로 4개이므로, 공격력이 4인 무기를 구매합니다. 만약, 이웃나라와의 협약으로 정해진 공격력의 제한수치가 3이고 제한수치를 초과한 기사가 사용할 무기의 공격력이 2라면, 15번으로 지정된 기사단원은 무기점에서 공격력이 2인 무기를 구매합니다. 무기를 만들 때, 무기의 공격력 1당 1kg의 철이 필요합니다. 그래서 무기점에서 무기를 모두 만들기 위해 필요한 철의 무게를 미리 계산하려 합니다.

기사단원의 수를 나타내는 정수 number와 이웃나라와 협약으로 정해진 공격력의 제한수치를 나타내는 정수 limit와 제한수치를 초과한 기사가 사용할 무기의 공격력을 나타내는 정수 power가 주어졌을 때, 무기점의 주인이 무기를 모두 만들기 위해 필요한 철의 무게를 return하는 solution 함수를 완성하시오.

제한 사항

- $1 \leq$ number $\leq 100,000$
- $2 \leq$ limit ≤ 100
- $1 \leq$ power $\leq$ limit

입출력의 예

number	limit	power	result
5	3	2	10
10	3	2	21

입출력 예 설명

▌입출력 예 #1 ▌

1부터 5까지의 약수의 개수는 순서대로 [1, 2, 2, 3, 2]개입니다. 모두 공격력 제한 수치인 3을 넘지 않기 때문에 필요한 철의 무게는 해당 수들의 합인 10이 됩니다. 따라서 10을 return합니다.

▌입출력 예 #2 ▌

1부터 10까지의 약수의 개수는 순서대로 [1, 2, 2, 3, 2, 4, 2, 4, 3, 4]개입니다. 공격력의 제한수치가 3이기 때문에, 6, 8, 10번 기사는 공격력이 2인 무기를 구매합니다. 따라서 해당 수들의 합인 21을 return합니다.

풀이

```python
def solution(number, limit, power):
    answer = 0
    for num in range(1, number + 1):
        counts = 0
        for i in range(1, int(num**0.5) + 1):
            if num % i == 0:
                counts += 2 if (i**2) != num else 1
        answer += power if counts > limit else counts
    return answer
```

이 함수는 다음과 같이 계산된 정수값을 반환합니다. 변수 answer가 0으로 초기화됩니다. 1부터 number까지 각 정수 num에 대해 다음 단계가 수행됩니다.

● 변수 counts가 0으로 초기화됩니다.

● 1부터 num의 제곱근(포함)까지의 각 정수 i에 대해 다음 단계를 수행합니다. num을 i로 나눌 수 있는 경우, i의 제곱이 num과 같지 않으면 counts의 값이 2씩 증가하고, 그렇지 않으면 1씩 증가합니다.

● counts의 값이 limit보다 크면 power의 값을 answer에 더하고, 그렇지 않으면 counts의 값을 answer에 더합니다.

최종값인 answer가 반환됩니다.

문제 7 키패드 누르기(2020 카카오 인턴십) 레벨 1

문제 설명

스마트폰 전화 키패드의 각 칸에 다음과 같이 숫자들이 적혀 있습니다.

이 전화 키패드에서 왼손과 오른손의 엄지손가락만을 이용해서 숫자만을 입력하려고 합니다. 맨 처음 왼손 엄지손가락은 * 키패드에서, 오른손 엄지손가락은 # 키패드에서 시작하며, 엄지손가락을 사용하는 규칙은 다음과 같습니다.

> 1. 엄지손가락은 상하좌우 4가지 방향으로만 이동할 수 있으며 키패드 이동 한 칸은 거리로 1에 해당합니다.
> 2. 왼쪽 열의 3개의 숫자 1, 4, 7을 입력할 때는 왼손 엄지손가락을 사용합니다.
> 3. 오른쪽 열의 3개의 숫자 3, 6, 9를 입력할 때는 오른손 엄지손가락을 사용합니다.
> 4. 가운데 열의 4개의 숫자 2, 5, 8, 0을 입력할 때는 두 엄지손가락의 현재 키패드의 위치에서 더 가까운 엄지손가락을 사용합니다.
> 4-1. 만약 두 엄지손가락의 거리가 같다면, 오른손잡이는 오른손 엄지손가락, 왼손잡이는 왼손 엄지손가락을 사용합니다.

순서대로 누를 번호가 담긴 배열 numbers, 왼손잡이인지 오른손잡이인지를 나타내는 문자열 hand가 매개변수로 주어질 때, 각 번호를 누른 엄지손가락이 왼손인지 오른손인지를 나타내는 연속된 문자열 형태로 return하도록 solution 함수를 완성해 주세요.

제한 사항

- numbers 배열의 크기는 1 이상 1,000 이하입니다.
- numbers 배열 원소의 값은 0 이상 9 이하인 정수입니다.
- hand는 "left" 또는 "right"입니다.
  - "left"는 왼손잡이, "right"는 오른손잡이를 의미합니다.
- 왼손 엄지손가락을 사용한 경우는 L, 오른손 엄지손가락을 사용한 경우는 R을 순서대로 이어붙여 문자열 형태로 return해 주세요.

numbers	hand	result
[1, 3, 4, 5, 8, 2, 1, 4, 5, 9, 5]	"right"	"LRLLLRLLRRL"
[7, 0, 8, 2, 8, 3, 1, 5, 7, 6, 2]	"left"	"LRLLRRLLLRR"
[1, 2, 3, 4, 5, 6, 7, 8, 9, 0]	"right"	"LLRLLRLLRL"

입출력 예 설명

▌입출력 예 #1 ▌

순서대로 눌러야 할 번호가 [1, 3, 4, 5, 8, 2, 1, 4, 5, 9, 5]이고, 오른손잡이입니다.

왼손 위치	오른손 위치	눌러야 할 숫자	사용한 손	설명
*	#	1	L	1은 왼손으로 누릅니다.
1	#	3	R	3은 오른손으로 누릅니다.
1	3	4	L	4는 왼손으로 누릅니다.
4	3	5	L	왼손 거리는 1, 오른손 거리는 2이므로 왼손으로 5를 누릅니다.
5	3	8	L	왼손 거리는 1, 오른손 거리는 3이므로 왼손으로 8을 누릅니다.
8	3	2	R	왼손 거리는 2, 오른손 거리는 1이므로 오른손으로 2를 누릅니다.
8	2	1	L	1은 왼손으로 누릅니다.
1	2	4	L	4는 왼손으로 누릅니다.
4	2	5	R	왼손 거리와 오른손 거리가 1로 같으므로, 오른손으로 5를 누릅니다.
4	5	9	R	9는 오른손으로 누릅니다.
4	9	5	L	왼손 거리는 1, 오른손 거리는 2이므로 왼손으로 5를 누릅니다.
5	9	–	–	

따라서 "LRLLLRLLRRL"를 return합니다.

▌입출력 예 #2 ▌

왼손잡이가 [7, 0, 8, 2, 8, 3, 1, 5, 7, 6, 2]를 순서대로 누르면 사용한 손은 "LRLLRRLLLRR"이 됩니다.

▌입출력 예 #3 ▌

오른손잡이가 [1, 2, 3, 4, 5, 6, 7, 8, 9, 0]을 순서대로 누르면 사용한 손은 "LLRLLRLLRL"이 됩니다.

```python
def solution(numbers, hand):
    answer = ''

    left = {1: 3, 4: 2, 7: 1}
    right = {3: 3, 6: 2, 9: 1}
    center = {2: 3, 5: 2, 8: 1, 0: 0}

    left_pos = (0, 0)
    right_pos = (2, 0)

    for number in numbers:
        if number in left:
            answer += 'L'
            left_pos = (0, left[number])
        elif number in right:
            answer += 'R'
            right_pos = (2, right[number])
        else:
            left_dist = 1 - left_pos[0] + abs(left_pos[1] - center[number])
            right_dist = right_pos[0] - 1 + abs(right_pos[1] - center[number])

            if left_dist < right_dist:
                answer += 'L'
                left_pos = (1, center[number])
            elif left_dist > right_dist:
                answer += 'R'
                right_pos = (1, center[number])
            else:
                if hand == "left":
                    answer += 'L'
                    left_pos = (1, center[number])
                else:
                    answer += 'R'
                    right_pos = (1, center[number])

    return answer
```

left, right, center는 키패드의 왼쪽, 오른쪽 및 가운데 열에 있는 숫자를 행 위치에 매핑하는 딕셔너리입니다. left_pos 및 right_pos는 키패드에서 왼쪽 및 오른쪽 손가락의 현재 위치를 나타내는 튜플입니다. 그런 다음, 함수는 for 루프를 사용하여 숫자의 각 숫자를 반복합니다. 현재 번호가 키패드의 왼쪽 열에 있으면 'L'을 추가하여 응답하고 left_pos를 이 번호의 위치로 업데이트합니다. 현재 번호가 키패드의 오른쪽 열에 있으면 응답에 'R'을 추가하고 right_pos를 이 번호의 위치로 업데이트합니다.

현재 번호가 키패드의 중앙 열(center)에 있는 경우 현재 위치와 중앙 열에서 이 번호의 위치를 사용하여 왼쪽 및 오른쪽 손가락에서 이 번호까지의 거리를 계산합니다. 그런 다음, 이 거리를 비교하여 어떤 손가락이 이 숫자에 더 가까운지 결정합니다. 왼쪽 손가락이 더 가까우면 대답에 'L'을 추가하고 left_pos를 이 숫자의 위치로 업데이트합니다. 오른쪽 손가락이 더 가까우면 답에 'R'을 더하고 right_pos를 이 숫자의 위치로 업데이트합니다. 두 손가락이 이 숫자와 같은 거리에 있으면 손의 값에 따라 답에 'L' 또는 'R'을 더하고 left_pos 또는 right_pos 중 하나를 업데이트합니다. 숫자의 모든 숫자를 반복한 후 왼쪽 손가락을 누른 경우 'L', 오른쪽 손가락을 누른 경우 'R'을 사용하여 키 누름 순서를 나타내는 답을 반환합니다.

문제 8   대충 만든 자판 레벨 1

문제 설명

휴대폰의 자판은 컴퓨터 키보드 자판과는 다르게 하나의 키에 여러 개의 문자가 할당될 수 있습니다. 키 하나에 여러 문자가 할당된 경우, 동일한 키를 연속해서 빠르게 누르면 할당된 순서대로 문자가 바뀝니다. 예를 들어, 1번 키에 "A", "B", "C" 순서대로 문자가 할당되어 있다면 1번 키를 한 번 누르면 "A", 두 번 누르면 "B", 세 번 누르면 "C"가 되는 식입니다.

같은 규칙을 적용해 아무렇게나 만든 휴대폰 자판이 있습니다. 이 휴대폰 자판은 키의 개수가 1개부터 최대 100개까지 있을 수 있으며, 특정 키를 눌렀을 때 입력되는 문자들도 무작위로 배열되어 있습니다. 또, 같은 문자가 자판 전체에 여러 번 할당된 경우도 있고, 키 하나에 같은 문자가 여러 번 할당된 경우도 있습니다. 심지어 아예 할당되지 않은 경우도 있습니다. 따라서 몇몇 문자열은 작성할 수 없을 수도 있습니다. 이 휴대폰 자판을 이용해 특정 문자열을 작성할 때, 키를 최소 몇 번 눌러야 그 문자열을 작성할 수 있는지 알아보고자 합니다.

1번 키부터 차례로 할당된 문자들이 순서대로 담긴 문자열 배열 keymap과 입력하려는 문자열들이 담긴 문자열 배열 targets가 주어질 때, 각 문자열을 작성하기 위해 키를 최소 몇 번씩 눌러야 하는지 순서대로 배열에 담아 return하는 solution 함수를 완성해 주세요. 단, 목표 문자열을 작성할 수 없을 때는 -1을 저장합니다.

제한 사항

- 1 ≤ keymap의 길이 ≤ 100
  - 1 ≤ keymap의 원소의 길이 ≤ 100
  - keymap[i]는 i + 1번 키를 눌렀을 때 순서대로 바뀌는 문자를 의미합니다.
    → 예를 들어 keymap[0] = "ABACD"인 경우 1번 키를 한 번 누르면 A, 두 번 누르면 B, 세 번 누르면 A가 됩니다.
  - keymap의 원소의 길이는 서로 다를 수 있습니다.
  - keymap의 원소는 알파벳 대문자로만 이루어져 있습니다.
- 1 ≤ targets의 길이 ≤ 100
  - 1 ≤ targets의 원소의 길이 ≤ 100
  - targets의 원소는 알파벳 대문자로만 이루어져 있습니다.

입출력의 예

keymap	targets	result
["ABACD", "BCEFD"]	["ABCD", "AABB"]	[9, 4]
["AA"]	["B"]	[-1]
["AGZ", "BSSS"]	["ASA", "BGZ"]	[4, 6]

입출력 예 설명

┃ 입출력 예 #1 ┃

- "ABCD"의 경우,
  - 1번 키 한 번 → A
  - 2번 키 한 번 → B
  - 2번 키 두 번 → C
  - 1번 키 다섯 번 → D

따라서 총합인 9를 첫 번째 인덱스에 저장합니다.

- "AABB"의 경우,
  - 1번 키 한 번 → A
  - 1번 키 한 번 → A
  - 2번 키 한 번 → B
  - 2번 키 한 번 → B

  따라서 총합인 4를 두 번째 인덱스에 저장합니다.

결과적으로 [9,4]를 return합니다.

┃ 입출력 예 #2 ┃

"B"의 경우, 'B'가 어디에도 존재하지 않기 때문에 −1을 첫 번째 인덱스에 저장합니다.

결과적으로 [−1]을 return합니다.

┃ 입출력 예 #3 ┃

- "ASA"의 경우,
  - 1번 키 한 번 → A
  - 2번 키 두 번 → S
  - 1번 키 한 번 → A

  따라서 총합인 4를 첫 번째 인덱스에 저장합니다.

- "BGZ"의 경우,
  - 2번 키 한 번 → B
  - 1번 키 두 번 → G
  - 1번 키 세 번 → Z

  따라서 총합인 6을 두 번째 인덱스에 저장합니다.

결과적으로 [4, 6]을 return합니다.

```python
def solution(keymap, targets):
    answer = []

    for target in targets:
        count = []
        for char in target:
            index = []
            for key in keymap:
                if char in key:
                    index.append(key.find(char))
            if index:
                count.append(min(index))
        answer.append(
            sum(count) + len(count) if len(count) == len(target) else -1
        )
    return answer
```

먼저 결과를 저장할 리스트 **answer**를 초기화합니다. 그런 다음, **for** 루프를 사용하여 대상의 각 대상 단어를 반복합니다. 각 대상 단어에 대해 빈 리스트 **count**를 만들고, **target**의 각 문자를 입력하는 데 필요한 키 누름 횟수를 저장합니다. 다른 **for** 루프를 사용하여 대상 단어의 각 문자를 반복합니다. 각 문자에 대해 키보드의 각 행에서 이 문자의 인덱스를 찾습니다. 어떤 행에서든 문자가 발견되면 최소 인덱스를 추가하여 계산합니다.

target의 모든 문자를 반복한 후 **count**의 길이가 **target**의 길이와 같은지 확인합니다. 같으면 **target**의 모든 문자가 키보드에서 발견되었음을 의미합니다. 이 경우 카운트 합계에 **count**의 길이를 더합니다. 행 사이를 이동하는 데 필요한 키를 누른 횟수를 고려하기 위해 카운트 길이가 추가됩니다. 카운트 길이가 대상 단어의 길이와 같지 않으면 **target**의 문자를 키보드에서 하나 이상 찾지 못했음을 의미합니다. 이 경우 −1을 추가하여 응답합니다.

풀이 **2**

```python
def solution(keymap, targets):
    answer = []
    dist = {}
    for key in keymap:
        for idx, char in enumerate(key):
            dist[char] = min(idx + 1, dist[char]) if char in dist else idx + 1

    for target in targets:
        count = 0
        for char in target:
            if char not in dist:
                count = -1
                break
            count += dist[char]
        answer.append(count)

    return answer
```

두 번째 방법은 좀 더 효율적인 방법입니다. 먼저 결과를 저장하기 위해 빈 리스트 **answer**를 초기화하고 키보드 왼쪽 가장자리에서 키보드의 각 문자까지의 최소 거리를 저장하기 위해 빈 딕셔너리 **dist**를 초기화합니다. 그런 다음, 함수는 **for** 루프를 사용하여 **keymap**의 각 행을 반복합니다. 그리고 다른 **for** 루프로 행의 각 문자를 반복하면서 각 문자에 대해 이 문자가 이미 **dist** 딕셔너리에 있는지 확인합니다. 이미 있다면 현재 값과 **idx + 1**의 최솟값으로 값을 업데이트합니다. 그렇지 않은 경우, **idx + 1**를 밸류로 딕셔너리에 추가합니다. 이제 키보드 왼쪽 가장자리에서 키보드의 각 문자까지의 최소 거리를 저장한 **dist**가 완성되었습니다.

새로운 **for** 루프를 만들고, **targets**의 각 단어에 대해 키보드를 몇 번 눌러야 되는지를 계산합니다. 먼저 **for** 루프를 사용하여 **target**의 각 문자를 반복하면서 **dist**에 들어 있지 않으면 이 문자가 키보드에 없다는 의미이므로 **count**를 -1로 업데이트합니다. 이 경우에는 더 이상 **for** 루프를 반복할 필요가 없으므로 **break**로 탈출합니다. 만일 문자가 **dist**에 있다면 거리 **dist[char]**를 **count**에 더합니다. 이 과정을 모든 문자에 반복하고 나면 이 단어를 입력하는데 필요한 횟수가 구해지게 됩니다.

두 함수는 동일한 결과를 내지만, 계산하는 방식은 서로 다릅니다.

1. 첫 번째 풀이는 키보드의 각 행에서 각 문자의 인덱스를 찾아서 각 대상 단어에 대해 이 값을 개별적으로 계산합니다. 따라서 중복된 계산이 많습니다.

2. 두 번째 풀이는 먼저 키보드 왼쪽 가장자리에서 키보드의 각 문자까지의 최소 거리를 가진 딕
   셔너리를 계산한 다음 이 딕셔너리를 사용하여 각 대상 단어를 입력하는 데 필요한 최소 키
   누름 횟수를 계산합니다.

실제 실행 속도를 비교해보면 첫 번째 방법은 최대 100ms까지 나오는 반면 두 번째 풀이는
2.5ms밖에 걸리지 않습니다.

문제 ⑨   최고의 집합 레벨 ③

문제 설명

자연수 n개로 이루어진 중복 집합(multi set, 편의상 이후에는 "집합"으로 통칭) 중에 다음 두 조건을 만족하는 집합을 최고의 집합이라고 합니다.

> 1. 각 원소의 합이 S가 되는 수의 집합
> 2. 위 조건을 만족하면서 각 원소의 곱이 최대가 되는 집합

예를 들어, 자연수 2개로 이루어진 집합 중 합이 9가 되는 집합은 다음과 같이 4개가 있습니다.
[1, 8], [2, 7], [3, 6], [4, 5]
그중 각 원소의 곱이 최대인 [4, 5]가 최고의 집합입니다. 집합의 원소의 개수 n과 모든 원소들의 합 s가 매개변수로 주어질 때, 최고의 집합을 return하는 solution 함수를 완성해 주세요.

제한 사항

- 최고의 집합은 오름차순으로 정렬된 1차원 배열(list, vector) 로 return해 주세요.
- 만약 최고의 집합이 존재하지 않는 경우에 크기가 1인 1차원 배열(list, vector)에 −1을 채워서 return해 주세요.
- 자연수의 개수 n은 1 이상 10,000 이하의 자연수입니다.
- 모든 원소들의 합 s는 1 이상, 100,000,000 이하의 자연수입니다.

입출력의 예

n	s	result
2	9	[4, 5]
2	1	[−1]
2	8	[4, 4]

입출력 예 설명

▌입출력 예 #1▐

문제의 예시와 같습니다.

▌입출력 예 #2▐

자연수 2개를 가지고는 합이 1인 집합을 만들 수 없습니다. 따라서 -1이 들어 있는 배열을 반환합니다.

▌입출력 예 #3▐

자연수 2개로 이루어진 집합 중 원소의 합이 8인 집합은 다음과 같습니다.
[1, 7], [2, 6], [3, 5], [4, 4]
그중 각 원소의 곱이 최대인 [4, 4]가 최고의 집합입니다.

```python
def solution(n, s):
    quotion, remainder = divmod(s, n)

    if not quotion:
        return [-1]

    answer = [quotion for _ in range(n - remainder)] + [
        quotion + 1 for _ in range(remainder)
    ]

    return answer
```

각 원소를 곱했을 때 가장 높은 숫자가 되기 위해서는 원소들의 표준편차가 가장 작도록 집합을 만들어야 합니다. 따라서 s를 n개로 나누고, 나머지를 각각에 공평하게 분배해 주면 표준편차가 가장 작도록 만들 수 있습니다. 먼저 **divmod** 함수로 s를 n으로 나눌 때의 몫과 나머지를 구합니다. 몫이 0이면 s를 n개의 양의 정수로 나눌 수 없음을 의미합니다. 이 경우 [−1]을 반환합니다. 몫이 0이 아니라면 s를 n개의 양의 정수로 나눌 수 있음을 의미합니다. 이 경우 몫과 같은 (n − 나머지) 요소와 몫에 1을 더한 나머지 요소로 목록 응답을 초기화합니다. 이렇게 하면 답에 있는 모든 요소의 합이 s와 같게 됩니다. 답을 초기화한 후 답을 반환합니다. 이것은 합계가 s와 같은 n개의 양의 정수 목록을 나타냅니다. s를 n개의 양의 정수로 나눌 수 없는 경우 [−1]을 반환합니다.

⓪2 2023 KAKAO BLIND RECRUITMENT

🍳프로그래머스

문제 1 개인정보 수집 유효기간 레벨 1

문제 설명

고객의 약관 동의를 얻어서 수집된 1~n번으로 분류되는 개인정보 n개가 있습니다. 약관 종류는 여러 가지 있으며 각 약관마다 개인정보 보관 유효기간이 정해져 있습니다. 당신은 각 개인정보가 어떤 약관으로 수집됐는지 알고 있습니다. 수집된 개인정보는 유효기간 전까지만 보관 가능하며, 유효기간이 지났다면 반드시 파기해야 합니다. 예를 들어, A라는 약관의 유효기간이 12 달이고, 2021년 1월 5일에 수집된 개인정보가 A약관으로 수집되었다면 해당 개인정보는 2022년 1월 4일까지 보관 가능하며 2022년 1월 5일부터 파기해야 할 개인정보입니다.

당신은 오늘 날짜로 파기해야 할 개인정보 번호들을 구하려 합니다. 모든 달은 28일까지 있다고 가정합니다. 다음은 오늘 날짜가 2022. 05. 19.일 때의 예시입니다.

약관 종류	유효기간
A	6달
B	12달
C	3달

번호	개인정보 수집 일자	약관 종류
1	2021. 05. 02.	A
2	2021. 07. 01.	B
3	2022. 02. 19.	C
4	2022. 02. 20.	C

- 첫 번째 개인정보는 A약관에 의해 2021년 11월 1일까지 보관 가능하며, 유효기간이 지났으므로 파기해야 할 개인정보입니다.
- 두 번째 개인정보는 B약관에 의해 2022년 6월 28일까지 보관 가능하며, 유효기간이 지나지 않았으므로 아직 보관 가능합니다.
- 세 번째 개인정보는 C약관에 의해 2022년 5월 18일까지 보관 가능하며, 유효기간이 지났으므로 파기해야 할 개인정보입니다.
- 네 번째 개인정보는 C약관에 의해 2022년 5월 19일까지 보관 가능하며, 유효기간이 지나지 않았으므로 아직 보관 가능합니다.

따라서 파기해야 할 개인정보 번호는 [1, 3]입니다.

오늘 날짜를 의미하는 문자열 today, 약관의 유효기간을 담은 1차원 문자열 배열 terms와 수집된 개인정보의 정보를 담은 1차원 문자열 배열 privacies가 매개변수로 주어집니다. 이때 파기해야 할 개인정보의 번호를 오름차순으로 1차원 정수 배열에 담아 return하도록 solution 함수를 완성해 주세요.

제한 사항

- today는 "YYYY.MM.DD" 형태로 오늘 날짜를 나타냅니다.
- 1 ≤ terms의 길이 ≤ 20
  - terms의 원소는 "약관 종류 유효기간" 형태의 약관 종류와 유효기간을 공백 하나로 구분한 문자열입니다.
  - 약관 종류는 A~Z 중 알파벳 대문자 하나이며, terms 배열에서 약관 종류는 중복되지 않습니다.
  - 유효기간은 개인정보를 보관할 수 있는 달 수를 나타내는 정수이며, 1 이상 100 이하입니다.
- 1 ≤ privacies의 길이 ≤ 100
  - privacies[i]는 i+1번 개인정보의 수집 일자와 약관 종류를 나타냅니다.
  - privacies의 원소는 "날짜 약관 종류" 형태의 날짜와 약관 종류를 공백 하나로 구분한 문자열입니다.
  - 날짜는 "YYYY.MM.DD" 형태의 개인정보가 수집된 날짜를 나타내며, today 이전의 날짜만 주어집니다.
  - privacies의 약관 종류는 항상 terms에 나타난 약관 종류만 주어집니다.
- today와 privacies에 등장하는 날짜의 YYYY는 연도, MM은 월, DD는 일을 나타내며 점(.) 하나로 구분되어 있습니다.
  - 2000 ≤ YYYY ≤ 2022
  - 1 ≤ MM ≤ 12
  - MM이 한 자릿수인 경우 앞에 0이 붙습니다.
  - 1 ≤ DD ≤ 28
  - DD가 한 자릿수인 경우 앞에 0이 붙습니다.
- 파기해야 할 개인정보가 하나 이상 존재하는 입력만 주어집니다.

입출력의 예

today	terms	privacies	result
"2022. 05. 19."	["A 6", "B 12", "C 3"]	["2021.05.02 A", "2021.07.01 B", "2022.02.19 C", "2022.02.20 C"]	[1, 3]
"2020. 01. 01."	["Z 3", "D 5"]	["2019.01.01 D", "2019.11.15 Z", "2019.08.02 D", "2019.07.01 D", "2018.12.28 Z"]	[1, 4, 5]

입출력 예 설명

▌입출력 예 #1 ▌

문제 예시와 같습니다.

▌입출력 예 #2 ▌

약관 종류	유효기간
Z	3달
D	5달

번호	개인정보 수집 일자	약관 종류
1	2019. 01. 01.	D
2	2019. 11. 15.	Z
3	2019. 08. 02.	D
4	2019. 07. 01.	D
5	2018. 12. 28.	Z

오늘 날짜는 2020년 1월 1일입니다.

- 첫 번째 개인정보는 D약관에 의해 2019년 5월 28일까지 보관 가능하며, 유효기간이 지났으므로 파기해야 할 개인정보입니다.
- 두 번째 개인정보는 Z약관에 의해 2020년 2월 14일까지 보관 가능하며, 유효기간이 지나지 않았으므로 아직 보관 가능합니다.
- 세 번째 개인정보는 D약관에 의해 2020년 1월 1일까지 보관 가능하며, 유효기간이 지나지 않았으므로 아직 보관 가능합니다.
- 네 번째 개인정보는 D약관에 의해 2019년 11월 28일까지 보관 가능하며, 유효기간이 지났으므로 파기해야 할 개인정보입니다.
- 다섯 번째 개인정보는 Z약관에 의해 2019년 3월 27일까지 보관 가능하며, 유효기간이 지났으므로 파기해야 할 개인정보입니다.

```python
def to_days(date):
    year, month, day = map(int, date.split("."))
    return year * 28 * 12 + month * 28 + day

def solution(today, terms, privacies):
    months = {v[0]: int(v[2:]) * 28 for v in terms}
    today = to_days(today)
    expire = [
        i + 1
        for i, privacy in enumerate(privacies)
        if to_days(privacy[:-2]) + months[privacy[-1]] <= today
    ]
    return expire
```

이 문제의 가정은 각 달이 28일씩만 포함한다는 것입니다. 이 점을 이용해 주어진 연−월−일 형식의 날짜를 일수로 바꾸는 **to_days** 함수를 먼저 정의합니다. 그 다음, 함수 본문에서 각 계정 유형에 따른 만기일을 일 단위로 구하기 위해 **months** 딕셔너리를 만듭니다. 그리고 to_days 함수를 사용하여 현재 날짜(today)를 일로 변환합니다.

이제 만기된 개인정보를 구하기 위해 **privacies** 를 반복하면서 현재 날짜보다 만기일이 지난 경우를 체크하면 됩니다. 예를 들어, terms=["A 6", "B 12", "C 3"]일 때 months는 다음과 같습니다.

```
{'A': 168, 'B': 336, 'C': 84}
```

이제 privacy = "2021.05.02 A"이고 today = "2022.05.19"라고 가정하면 조건식은 다음과 같이 계산됩니다.

```
to_days(privacy[:-2]) + months[privacy[-1]] <= today
679198 + 168 <= 679551
```

문제 2 이모티콘 할인행사 레벨 2

문제 설명

카카오톡에서는 이모티콘을 무제한으로 사용할 수 있는 이모티콘 플러스 서비스 가입자 수를 늘리려고 합니다. 이를 위해 카카오톡에서는 이모티콘 할인 행사를 하는데, 목표는 다음과 같습니다.

> 1. 이모티콘 플러스 서비스 가입자를 최대한 늘리는 것.
> 2. 이모티콘 판매액을 최대한 늘리는 것.

1번 목표가 우선이며, 2번 목표가 그 다음입니다. 이모티콘 할인 행사는 다음과 같은 방식으로 진행됩니다.

> - n명의 카카오톡 사용자들에게 이모티콘 m개를 할인하여 판매합니다.
> - 이모티콘마다 할인율은 다를 수 있으며, 할인율은 10%, 20%, 30%, 40% 중 하나로 설정됩니다. 카카오톡 사용자들은 다음과 같은 기준을 따라 이모티콘을 사거나, 이모티콘 플러스 서비스에 가입합니다.
> - 각 사용자들은 자신의 기준에 따라 일정 비율 이상 할인하는 이모티콘을 모두 구매합니다.
> - 각 사용자들은 자신의 기준에 따라 이모티콘 구매 비용의 합이 일정 가격 이상이 된다면, 이모티콘 구매를 모두 취소하고 이모티콘 플러스 서비스에 가입합니다.

다음은 2명의 카카오톡 사용자와 2개의 이모티콘이 있을 때의 예시입니다.

사용자	비율	가격
1	40	10,000
2	25	10,000

이모티콘	가격
1	7,000
2	9,000

- 1번 사용자는 40% 이상 할인하는 이모티콘을 모두 구매하고, 이모티콘 구매 비용이 10,000원 이상이 되면 이모티콘 구매를 모두 취소하고 이모티콘 플러스 서비스에 가입합니다.
- 2번 사용자는 25% 이상 할인하는 이모티콘을 모두 구매하고, 이모티콘 구매 비용이 10,000원 이상이 되면 이모티콘 구매를 모두 취소하고 이모티콘 플러스 서비스에 가입합니다.
- 1번 이모티콘의 가격은 7,000원, 2번 이모티콘의 가격은 9,000원입니다.
- 만약, 2개의 이모티콘을 모두 40%씩 할인한다면, 1번 사용자와 2번 사용자 모두 1, 2번 이모티콘을 구매하게 되고, 결과는 다음과 같습니다.

사용자	구매한 이모티콘	이모티콘 구매 비용	이모티콘 플러스 서비스 가입 여부
1	1, 2	9,600	X
2	1, 2	9,600	X

이모티콘 플러스 서비스 가입자는 0명이 늘어나고 이모티콘 판매액은 19,200원이 늘어납니다. 하지만 1번 이모티콘을 30% 할인하고 2번 이모티콘을 40% 할인한다면 결과는 다음과 같습니다.

사용자	구매한 이모티콘	이모티콘 구매 비용	이모티콘 플러스 서비스 가입 여부
1	2	5,400	X
2	1, 2	10,300	O

2번 사용자는 이모티콘 구매 비용을 10,000원 이상 사용하여 이모티콘 구매를 모두 취소하고 이모티콘 플러스 서비스에 가입하게 됩니다. 따라서 이모티콘 플러스 서비스 가입자는 1명이 늘어나고 이모티콘 판매액은 5,400원이 늘어나게 됩니다. 카카오톡 사용자 n명의 구매 기준을 담은 2차원 정수 배열 users, 이모티콘 m개의 정가를 담은 1차원 정수 배열 emoticons가 주어집니다. 이때, 행사 목적을 최대한으로 달성했을 때의 이모티콘 플러스 서비스 가입 수와 이모티콘 매출액을 1차원 정수 배열에 담아 return하도록 solution 함수를 완성해 주세요.

제한 사항

- 1 ≤ users의 길이 = n ≤ 100
  - users의 원소는 [비율, 가격]의 형태입니다.
  - users[i]는 i+1번 고객의 구매 기준을 의미합니다.
  - 비율% 이상의 할인이 있는 이모티콘을 모두 구매한다는 의미입니다.
    → 1 ≤ 비율 ≤ 40
  - 가격 이상의 돈을 이모티콘 구매에 사용한다면, 이모티콘 구매를 모두 취소하고 이모티콘 플러스 서비스에 가입한다는 의미입니다.
    → 100 ≤ 가격 ≤ 1,000,000
    → 가격은 100의 배수입니다.
- 1 ≤ emoticons의 길이 = m ≤ 7
  - emoticons[i]는 i+1번 이모티콘의 정가를 의미합니다.
  - 100 ≤ emoticons의 원소 ≤ 1,000,000
  - emoticons의 원소는 100의 배수입니다.

입출력의 예

users	emoticons	result
[[40, 10000], [25, 10000]]	[7000, 9000]	[1, 5400]
[[40, 2900], [23, 10000], [11, 5200], [5, 5900], [40, 3100], [27, 9200], [32, 6900]]	[1300, 1500, 1600, 4900]	[4, 13860]

입출력 예 설명

▌입출력 예 #1 ▌

문제의 예시와 같습니다.

▌입출력 예 #2 ▌

다음과 같이 할인하는 것이 이모티콘 플러스 서비스 가입자를 최대한 늘리면서, 이모티콘 판매액 또한 최대로 늘리는 방법입니다.

이모티콘	할인율
1	40
2	40
3	20
4	40

위와 같이 할인하면 4명의 이모티콘 플러스 가입자와 13,860원의 판매액을 달성할 수 있습니다. 다른 할인율을 적용하여 이모티콘을 판매할 수 있지만 이보다 이모티콘 플러스 서비스 가입자를 최대한 늘리면서, 이모티콘 판매액 또한 최대로 늘리는 방법은 없습니다. 따라서 [4, 13860]을 return하면 됩니다.

```python
def solution(users, emoticons):
    def loop(counts):
        if counts <= 0:
            plus = 0
            total = 0
            for user in users:
                revenue = 0
                for i, em in enumerate(temp):
                    if em * 10 >= user[0]:
                        revenue += (emoticons[i] // 10) * (10 - em)
                if revenue >= user[1]:
                    plus += 1
                else:
                    total += revenue
            if plus > answer[0] or (plus == answer[0] and total > answer[1]):
                answer[0], answer[1] = plus, total
            return
        for i in range(1, 5):
            temp[counts - 1] = i
            loop(counts - 1)

    temp = [-1] * len(emoticons)
    answer = [0, 0]
    loop(len(emoticons))
    return answer
```

loop 함수는 하나의 인자 counts를 받는 재귀함수입니다. 이 함수는 이모티콘의 가능한 각 할인 조합에 대해 플러스 가입자가 될 때 발생하는 수익을 나타냅니다. 각 할인 조합에 대해 이 기능은 '할인된 이모티콘 수'가 '사용자가 플러스 가입자가 되는 데 필요한 최소 이모티콘 수'보다 큰지 확인하여 각 사용자의 수익을 계산합니다. 이 경우 해당 사용자는 플러스 가입자가 되며, 해당 수익은 총 수익에 추가되지 않습니다. 그렇지 않으면 해당 수익이 총 수익에 추가됩니다.

그런 다음, 이 함수는 현재 할인 조합으로 인해 플러스 가입자가 더 많이 발생하는지, 또는 동일한 수의 플러스 가입자가 발생하지만 총 수익이 더 높은지 확인합니다. 두 조건 중 하나가 충족되면 현재 플러스 구독자 수와 총 수익으로 answer 변수가 업데이트됩니다. 먼저 temp와 answer의 두 변수를 초기화합니다. temp는 -1로 채워진 길이 len(emoticons) 리스트이고, answer는 [0, 0]로 초기화된 리스트입니다. 이제 전체 이모티콘 개수로 loop 함수를 실행하면 최종 결과를 얻을 수 있습니다.

문제 ③ 택배 배달과 수거하기 레벨 2

문제 설명

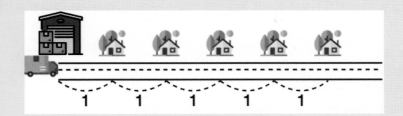

당신은 일렬로 나열된 n개의 집에 택배를 배달하려 합니다. 배달할 물건은 모두 크기가 같은 재활용 택배 상자에 담아 배달하며, 배달을 다니면서 빈 재활용 택배 상자들을 수거하려 합니다. 배달할 택배들은 모두 재활용 택배 상자에 담겨서 물류창고에 보관되어 있고, i번째 집은 물류창고에서 거리 i만큼 떨어져 있습니다. 또한 i번째 집은 j번째 집과 거리 j − i만큼 떨어져 있습니다. (1 ≤ i ≤ j ≤ n) 트럭에는 재활용 택배 상자를 최대 cap개 실을 수 있습니다. 트럭은 배달할 재활용 택배 상자들을 실어 물류창고에서 출발해 각 집에 배달하면서, 빈 재활용 택배 상자들을 수거해 물류창고에 내립니다. 각 집마다 배달할 재활용 택배 상자의 개수와 수거할 빈 재활용 택배 상자의 개수를 알고 있을 때, 트럭 하나로 모든 배달과 수거를 마치고 물류창고까지 돌아올 수 있는 최소 이동 거리를 구하려 합니다. 각 집에 배달 및 수거할 때, 원하는 개수만큼 택배를 배달 및 수거할 수 있습니다. 다음은 cap=4일 때, 최소 거리로 이동하면서 5개의 집에 배달 및 수거하는 과정을 나타낸 예시입니다.

〈배달 및 수거할 재활용 택배 상자 개수〉

	집 #1	집 #2	집 #3	집 #4	집 #5
배달	1개	0개	3개	1개	2개
수거	0개	3개	0개	4개	0개

〈배달 및 수거 과정〉

	집#1	집#2	집#3	집#4	집#5	설명
남은 배달 / 수거	1/0	0/3	3/0	1/4	2/0	물류창고에서 택배 3개를 트럭에 실어 출발합니다.
남은 배달 / 수거	1/0	0/3	3/0	0/4	0/0	물류창고에서 5번째 집까지 이동하면서(거리 5) 4번째 집에 택배 1개를 배달하고, 5번째 집에 택배 2개를 배달합니다.
남은 배달 / 수거	1/0	0/3	3/0	0/0	0/0	5번째 집에서 물류창고까지 이동하면서(거리 5) 4번째 집에서 빈 택배 상자 4개를 수거한 후, 수거한 빈 택배 상자를 물류창고에 내리고 택배 4개를 트럭에 싣습니다.
남은 배달 / 수거	0/0	0/3	0/0	0/0	0/0	물류창고에서 3번째 집까지 이동하면서(거리 3) 1번째 집에 택배 1개를 배달하고, 3번째 집에 택배 3개를 배달합니다.
남은 배달 / 수거	0/0	0/0	0/0	0/0	0/0	3번째 집에서 물류창고까지 이동하면서(거리 3) 2번째 집에서 빈 택배 상자 3개를 수거한 후, 수거한 빈 택배 상자를 물류창고에 내립니다.

16(=5+5+3+3)의 거리를 이동하면서 모든 배달 및 수거를 마쳤습니다. 같은 거리로 모든 배달 및 수거를 마치는 다른 방법이 있지만, 이보다 짧은 거리로 모든 배달 및 수거를 마치는 방법은 없습니다.

트럭에 실을 수 있는 재활용 택배 상자의 최대 개수를 나타내는 정수 cap, 배달할 집의 개수를 나타내는 정수 n, 각 집에 배달할 재활용 택배 상자의 개수를 담은 1차원 정수 배열 deliveries와 각 집에서 수거할 빈 재활용 택배 상자의 개수를 담은 1차원 정수 배열 pickups가 매개변수로 주어집니다. 이때, 트럭 하나로 모든 배달과 수거를 마치고 물류창고까지 돌아올 수 있는 최소 이동 거리를 return하도록 solution 함수를 완성해 주세요.

제한 사항

- 1 ≤ cap ≤ 50
- 1 ≤ n ≤ 100,000
- deliveries의 길이 = pickups의 길이 = n
  - deliveries[i]는 i+1번째 집에 배달할 재활용 택배 상자의 개수를 나타냅니다.
  - pickups[i]는 i+1번째 집에서 수거할 빈 재활용 택배 상자의 개수를 나타냅니다.
  - 0 ≤ deliveries의 원소 ≤ 50
  - 0 ≤ pickups의 원소 ≤ 50
- 트럭의 초기 위치는 물류창고입니다.

입출력의 예

cap	n	deliveries	pickups	result
4	5	[1, 0, 3, 1, 2]	[0, 3, 0, 4, 0]	16
2	7	[1, 0, 2, 0, 1, 0, 2]	[0, 2, 0, 1, 0, 2, 0]	30

입출력 예 설명

│ 입출력 예 #1 │

문제 예시와 동일합니다.

│ 입출력 예 #2 │

〈배달 및 수거할 재활용 택배 상자 개수〉

	집 #1	집 #2	집 #3	집 #4	집 #5	집 #6	집 #7
배달	1개	0개	2개	0개	1개	0개	2개
수거	0개	2개	0개	1개	0개	2개	0개

〈배달 및 수거 과정〉

	집 #1	집 #2	집 #3	집 #4	집 #5	집 #6	집 #7	설명
남은 배달 / 수거	1/0	0/2	2/0	0/1	1/0	0/2	2/0	물류창고에서 택배 2개를 트럭에 실어 출발합니다.
남은 배달 / 수거	1/0	0/2	2/0	0/1	1/0	0/2	0/0	물류창고에서 7번째 집까지 이동하면서(거리 7) 7번째 집에 택배 2개를 배달합니다.
남은 배달 / 수거	1/0	0/2	2/0	0/1	1/0	0/0	0/0	7번째 집에서 물류창고까지 이동하면서(거리 7) 6번째 집에서 빈 택배 상자 2개를 수거한 후, 수거한 빈 택배 상자를 물류창고에 내리고 택배 2개를 트럭에 싣습니다.

남은 배달 / 수거	1/0	0/2	1/0	0/1	0/0	0/0	0/0	물류창고에서 5번째 집까지 이동하면서 (거리 5) 3번째 집에 택배 1개를 배달하고, 5번째 집에 택배 1개를 배달합니다.
남은 배달 / 수거	1/0	0/1	1/0	0/0	0/0	0/0	0/0	5번째 집에서 물류창고까지 이동하면서 (거리 5) 4번째 집에서 빈 택배 상자 1개를 수거하고 2번째 집에서 빈 택배 상자 1개를 수거한 후, 수거한 빈 택배 상자를 물류창고에 내리고 택배 2개를 트럭에 싣습니다.
남은 배달 / 수거	0/0	0/1	0/0	0/0		0/0	0/0	물류창고에서 3번째 집까지 이동하면서 (거리 3) 1번째 집에 택배 1개를 배달하고, 3번째 집에 택배 1개를 배달합니다.
남은 배달 / 수거	0/0	0/0	0/0	0/0	0/0	0/0	0/0	3번째 집에서 물류창고까지 이동하면서 (거리 3) 2번째 집에서 빈 택배 상자 1개를 수거한 후, 수거한 빈 택배 상자를 물류창고에 내립니다.

30(= 7 + 7 + 5 + 5 + 3 + 3)의 거리를 이동하면서 모든 배달 및 수거를 마쳤습니다. 같은 거리로 모든 배달 및 수거를 마치는 다른 방법이 있지만, 이보다 짧은 거리로 모든 배달 및 수거를 마치는 방법은 없습니다. 따라서, 30을 return하면 됩니다.

```python
def solution(capacity, num_stops, deliveries, pickups):
    total_distance = 0
    current_deliveries = 0
    current_pickups = 0
    last_stop = num_stops - 1

    for stop in range(num_stops - 1, -1, -1):
        current_deliveries += deliveries[stop]
        current_pickups += pickups[stop]

        while current_deliveries > capacity or current_pickups > capacity:
            current_deliveries -= capacity
            current_pickups -= capacity
            total_distance += 2 * (last_stop + 1)
            last_stop = stop

    if current_deliveries > 0 or current_pickups > 0:
        total_distance += 2 * (last_stop + 1)

    return total_distance
```

이 문제의 핵심 아이디어는 가장 먼 집을 먼저 다녀온다는 것입니다. 가장 먼 집을 방문해서 현재 배송량 current_deliveries와 수거량 current_pickups를 더해줍니다. 그 다음, capacity보다 배송량 혹은 수거량이 큰 경우, 이동 경로를 total_distance += 2 * (last_stop + 1)와 같이 왕복 경로만큼을 업데이트합니다. 그 이유는 현재 capacity보다 작을 때까지 물류창고를 방문해야 하기 때문입니다. 따라서 while 루프 안에서 배송량과 수거량이 capacity 보다 작아질 때까지 이 과정을 반복하고, 이때 마지막 방문 지점을 stop으로 업데이트합니다.

이 과정을 그 다음으로 먼 집 순서대로 계속 반복하고, 마지막 집을 방문한 이후에 배송량 혹은 수거량이 남아 있을 경우(if current_deliveries > 0 or current_pickups > 0) 마지막 방문 지점만큼의 거리를 업데이트하면 됩니다.

문제 ④   **표현 가능한 이진트리** 레벨 **3**

문제 설명

당신은 이진트리를 수로 표현하는 것을 좋아합니다. 이진트리를 수로 표현하는 방법은 다음과 같습니다.

1. 이진수를 저장할 빈 문자열을 생성합니다.
2. 주어진 이진트리에 더미 노드를 추가하여 포화 이진트리로 만듭니다. 루트 노드는 그대로 유지합니다.
3. 만들어진 포화 이진트리의 노드들을 가장 왼쪽 노드부터 가장 오른쪽 노드까지, 왼쪽에 있는 순서대로 살펴 봅니다. 노드의 높이는 살펴보는 순서에 영향을 끼치지 않습니다.
4. 살펴본 노드가 더미 노드라면, 문자열 뒤에 0을 추가합니다. 살펴본 노드가 더미 노드가 아니라면, 문자열 뒤에 1을 추가합니다.
5. 문자열에 저장된 이진수를 십진수로 변환합니다.

이진트리에서 리프 노드가 아닌 노드는 자신의 왼쪽 자식이 루트인 서브트리의 노드들보다 오른쪽에 있으며, 자신의 오른쪽 자식이 루트인 서브트리의 노드들보다 왼쪽에 있다고 가정합니다. 다음은 이진트리를 수로 표현 하는 예시입니다. 주어진 이진트리는 다음과 같습니다.

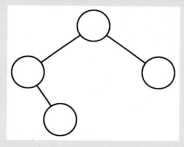

주어진 이진트리에 더미노드를 추가하여 포화 이진트리로 만들면 다음과 같습니다. 더미 노드는 점선으로 표시 하였고, 노드 안의 수는 살펴보는 순서를 의미합니다.

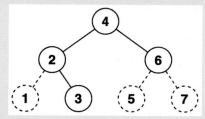

노드들을 왼쪽에 있는 순서대로 살펴보며 0과 1을 생성한 문자열에 추가하면 "0111010"이 됩니다. 이 이진수를 십진수로 변환하면 58입니다. 당신은 수가 주어졌을 때, 하나의 이진트리로 해당 수를 표현할 수 있는지 알고 싶습니다. 이진트리로 만들고 싶은 수를 담은 1차원 정수 배열 numbers가 주어집니다. numbers에 주어진 순서 대로 하나의 이진트리로 해당 수를 표현할 수 있다면 1을, 표현할 수 없다면 0을 1차원 정수 배열에 담아 return 하도록 solution 함수를 완성해 주세요.

제한 사항

- 1 ≤ numbers의 길이 ≤ 10,000
  - 1 ≤ numbers의 원소 ≤ 1,015

입출력의 예

numbers	result
[7, 42, 5]	[1, 1, 0]
[63, 111, 95]	[1, 1, 0]

입출력 예 설명

┃ 입출력 예 #1 ┃

7은 다음과 같은 이진트리로 표현할 수 있습니다.

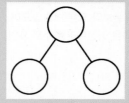

42는 다음과 같은 이진트리로 표현할 수 있습니다.

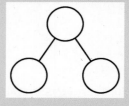

5는 이진트리로 표현할 수 없습니다.
따라서, [1, 0]을 return하면 됩니다.

┃ 입출력 예 #2 ┃

63은 다음과 같은 이진트리로 표현할 수 있습니다.

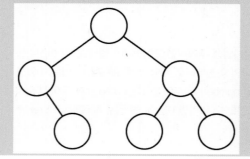

111은 다음과 같은 이진트리로 표현할 수 있습니다.

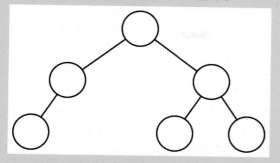

95는 이진트리로 표현할 수 없습니다.
따라서, [1, 1, 0]을 return하면 됩니다.

풀이

```python
from math import log2

def solution(numbers):
    result = []

    for number in numbers:
        bin_number = bin(number)[2:]
        bin_length = len(bin_number)

        node_count = 2 ** (int(log2(bin_length)) + 1) - 1
        bin_number = "0" * (node_count - bin_length) + bin_number

        if bin_number[node_count // 2] == "0":
            result.append(0)
            continue

        is_possible = 1
        stack = [[0, node_count - 1]]

        while stack:
            left, right = stack.pop()

            if left == right:
                continue

            center = (left + right) // 2

            if bin_number[center] == '0' and "1" in bin_number[left : right + 1]:
                is_possible = 0
                break

            stack.extend([[left, center - 1], [center + 1, right]])

        result.append(is_possible)

    return result
```

먼저 숫자를 이진법 문자열로 바꾸고 이를 이용해 전체 노드의 수 node_count와 앞자리에 0을 채운 이진수 bin_number를 구할 수 있습니다. 참고로, 노드의 수는 포화 이진트리의 높이가 1, 2, 3일 때를 노트에 그려보면 왜 node_count를 이렇게 계산하는지 바로 이해할 수 있습니다.

이 문제의 핵심 아이디어는 전체 이진트리나 서브트리의 루트 노드가 더미 노드, 즉 값이 0인 노드가 될 수 없다는 것입니다. 따라서 이 문제는 stack을 활용한 DFS 문제로 풀 수 있으며, 이때 문제를 현재 서브트리를 왼쪽과 오른쪽 자식 서브트리로 분할해 가며 스택에 추가합니다.

```
stack.extend([[left, center - 1], [center + 1, right]])
```

이때 DFS를 시작하기 전, 만일 현재 이진 트리의 루트 노드의 값이 0인지를 검사해서 코드를 빠르게 종료시킬 수 있습니다. numbers의 모든 숫자에 대해 위 과정을 반복하면서 해당 숫자를 이진 트리로 표현할 수 없으면 result 0을, 그렇지 않으면 1을 추가합니다.

더 멋진 내일(Tomorrow)을 위한 내일(My Career)

내 일 은 코 딩 테 스 트

부록

기술 면접 준비하기

기술면접이란

기술면접은 채용 과정에서 코딩테스트 다음에 이루어집니다. 일반적인 면접과 비교해 컴퓨터 공학과 관련된 여러 가지 지식을 묻기 때문에 기술면접이라는 이름이 붙었습니다. 전문적인 지식을 직접 설명해야 하기 때문에 기술면접이 어렵고 긴장될 수 있지만, 코딩테스트와 마찬가지로 자주 등장하는 질문이 정해져 있으므로 이를 중심으로 준비한다면 크게 어렵지 않습니다.

컴퓨터공학 기초과목

기술면접에서 꼭 등장하는 주제 네 가지를 정리했습니다. 각각의 주제마다 자주 등장하는 키워드들을 같이 정리했는데, 각 키워드에 대해서 자신 있게 설명할 수 있을 정도로 준비하는 것이 좋습니다.

자료구조와 알고리즘

자료구조와 알고리즘은 이미 여러분이 이 책에서 공부한 내용입니다. 기술면접에서는 코딩테스트에서 풀었던 문제에 대해 설명을 하라고 하거나 더 발전할 수 있는 방향을 묻는 등의 질문이 자주 등장합니다.

시간 복잡성	알고리즘의 시간 복잡성을 분석하는 방법을 이해하고 Big O와 같은 일반적인 시간 복잡성 표기법을 숙지해야 합니다.
데이터 구조	배열, 스택, 큐, 그래프와 같은 다양한 데이터 구조가 문제해결에 어떻게 사용되는지를 이해해야 합니다.
동적 프로그래밍	동적 프로그래밍을 사용하여 더 작은 하위 문제로 나눌 수 있는 문제를 해결하는 방법을 이해해야 합니다.

질문 리스트

● 시간 복잡성의 개념과 알고리즘의 시간 복잡성을 분석하는 방법을 설명할 수 있나요?

● 알고리즘의 시간 복잡성을 표현하기 위해 Big O 표기법을 어떻게 사용하나요?

● 배열, 스택, 큐, 그래프와 같은 다양한 데이터 구조가 문제해결에 어떻게 사용될 수 있는지 예를 들어 설명할 수 있나요?

● 동적 프로그래밍의 개념과 더 작은 하위 문제로 나눌 수 있는 문제를 해결하는 데 동적 프로그래밍을 어떻게 사용할 수 있는지 설명할 수 있나요?

답변 예시

Q. 배열, 스택, 큐, 그래프와 같은 다양한 데이터 구조가 문제해결에 어떻게 사용될 수 있는지 예를 들어 설명할 수 있나요?

A. 큐는 운영 체제의 프로세스 예약, 웹 서버의 요청 처리 등에 사용할 수 있습니다. 스택은 재귀 함수 호출에 사용할 수 있습니다. 데크는 스택과 큐를 동시에 구현하거나, 슬라이딩 윈도우 알고리즘 등에 사용할 수 있습니다.

운영체제

운영체제란 컴퓨터 하드웨어가 컴퓨터 소프트웨어와 통신하고 작동할 수 있도록 도와주는 소프트웨어 프로그램입니다. 운영체제가 있어야 프로그램이 동작할 수 있기 때문에 컴퓨터에서 가장 중요한 부분입니다.

운영체제의 종류	일괄 운영 체제, 분산 운영 체제, 시간 공유 운영 체제, 다중 프로그램 운영 체제, 실시간 운영 체제 등 여러 가지 유형을 알아야 합니다.
프로세스 관리	프로세스 상태(신규, 실행 중, 대기 중, 준비 완료, 종료), 프로세스 스케줄링, 프로세스 간 통신 등의 개념을 이해해야 합니다.
메모리 관리	페이징, 분할 및 가상 메모리 등의 개념을 이해해야 합니다.
파일 시스템	저장 장치에서 파일이 구성되고 액세스되는 방식에 대해 이해해야 합니다.
동시성	스레드, 동기화 및 교착 상태와 같은 개념을 이해해야 합니다.

질문 리스트

● 프로세스가 있을 수 있는 다양한 상태에는 어떤 것이 있으며 그 의미는 무엇인가요?

● 프로세스 스케줄링은 어떻게 작동하나요?

● 페이징, 세분화 및 가상 메모리의 개념을 설명할 수 있나요?

● 저장 장치에서 파일은 어떻게 구성되고 액세스되나요?

● 스레드 경합이란 무엇인가요?

답변 예시

Q. 스레드 경합이란 무엇인가요?

A. 경합 조건은 두 개 이상의 스레드가 공유 데이터에 액세스하여 동시에 변경하려고 할 때 발생합니다. 그 결과로 변수 값을 예측할 수 없게 됩니다.

네트워크

현대의 컴퓨터는 한 대가 혼자서 작동하지 않고 여러 대가 네트워크를 통해 연결되어 유기적으로 작동합니다. 특히 인터넷을 통해 전 세계의 컴퓨터가 서로 통신하며 데이터를 주고받을 수 있습니다. 최근 클라우드의 등장으로 네트워크의 중요성이 높아진 만큼 기본적인 네트워크 지식을 이해하고 있어야 합니다.

네트워크 유형	LAN, WAN, MAN과 같은 다양한 유형의 네트워크에 대해 이해해야 합니다.
네트워크 토폴로지	버스, 스타, 링, 메시와 같은 다양한 유형의 네트워크 토폴로지에 대해 이해해야 합니다.
IP 주소	공용 IP 주소와 사설 IP 주소의 차이점과 사용 방법에 대해 이해해야 합니다.
VPN	VPN이 무엇이며 네트워크 통신을 보호하는 데 VPN을 어떻게 사용할 수 있는지에 대해 이해해야 합니다.
네트워크 장치	허브, 스위치, 라우터와 같은 일반적인 네트워크 장치의 기능에 대해 이해해야 합니다.
네트워크 프로토콜	TCP/IP, HTTP, FTP와 같은 일반적인 네트워크 프로토콜에 대해 이해해야 합니다.

질문 리스트

- LAN, WAN, MAN과 같은 다양한 유형의 네트워크에 대해 설명해 주시겠어요?

- 네트워크 토폴로지에는 어떤 유형이 있으며 어떻게 다른가요?

- 공인 IP 주소와 사설 IP 주소의 차이점을 설명할 수 있나요?

- VPN이란 무엇이며 네트워크 통신을 보호하는 데 어떻게 사용할 수 있나요?

- 허브, 스위치, 라우터와 같은 일반적인 네트워크 장치의 기능을 설명할 수 있나요?

- TCP와 IP 각각의 역할을 설명할 수 있나요?

답변 예시

Q. TCP와 IP 각각의 역할을 설명할 수 있나요?

A. TCP는 장치 간 연결을 설정하여 데이터가 안정적으로 순서대로 전송되도록 합니다. IP는 서로 다른 네트워크에서 데이터를 전달하고 데이터를 목적지에 전달할 수 있도록 주소를 지정하는 역할을 담당합니다.

데이터베이스

데이터베이스란 무엇인지, 정규화, 트랜잭션, 인덱싱과 같은 기본적인 데이터베이스 개념에 대해 이해하고 있어야 합니다.

SQL	데이터를 검색하고 조작하기 위한 SQL 쿼리를 작성하고 실행하는 방법에 대해 이해해야 합니다.
데이터베이스 설계	데이터를 효율적으로 저장하고 검색하기 위해 데이터베이스 스키마를 설계하는 방법에 대해 이해해야 합니다.
데이터베이스 관리 시스템	관계형 데이터베이스 및 NoSQL 데이터베이스와 같은 다양한 유형의 데이터베이스 관리 시스템 간의 차이점에 대해 이해해야 합니다.
데이터 모델링	서로 다른 데이터 엔티티 간의 관계를 나타내는 데이터 모델을 만드는 방법에 대해 이해해야 합니다.
데이터베이스 보안	무단 액세스를 방지하고 민감한 데이터를 보호하기 위해 데이터베이스를 보호하는 방법에 대해 이해해야 합니다.

질문 리스트

● 데이터를 검색하고 조작하기 위해 SQL 쿼리를 작성하고 실행하는 방법을 설명할 수 있나요?

● 데이터를 효율적으로 저장하고 검색하기 위해 데이터베이스 스키마를 어떻게 설계하나요?

● 관계형 데이터베이스, NoSQL 데이터베이스 등 다양한 유형의 데이터베이스 관리 시스템의 차이점을 설명할 수 있나요?

● 서로 다른 데이터 엔티티 간의 관계를 표현하기 위해 데이터 모델을 어떻게 생성하나요?

● 무단 액세스를 방지하고 민감한 데이터를 보호하기 위해 데이터베이스를 보호하는 방법을 설명할 수 있나요?

답변 예시

Q. 관계형 데이터베이스, NoSQL 데이터베이스 등 다양한 유형의 데이터베이스 관리 시스템의 차이점을 설명할 수 있나요?

A. 관계형 데이터베이스와 NoSQL 데이터베이스의 주요 차이점은 데이터를 저장하고 관리하는 방식입니다. 관계형 데이터베이스는 구조화된 스키마를 사용하며 복잡한 쿼리를 지원하는 반면, NoSQL 데이터베이스는 유연한 스키마를 제공하며 확장성과 성능을 위해 설계되었습니다.

지원하고 싶은 회사와 직무 이해하기

기술면접에서 자주 등장하는 주제를 통해 컴퓨터 공항 관련 지식을 대비할 수 있지만, 그 외에도 직무별로 다른 면접 질문이 등장할 수 있습니다. 웹 개발 분야의 프론트엔드와 백엔드 직무를 예로 들면 다음과 같습니다.

프론트엔드	HTML, CSS, JavaScript와 같은 언어를 사용하여 웹사이트의 모양, 룩앤필, 사용자 인터페이스와 관련이 있습니다. 프론트엔드는 사용자가 보고 상호 작용할 수 있는 시각적 구성 요소에서 작동합니다.
백엔드	데이터베이스와의 통신을 통해 웹사이트의 기능, 로직, 성능 및 보안을 담당합니다. 백엔드 개발자는 파이썬이나 자바와 같은 언어를 사용하여 서버 측 개발 작업을 수행합니다.

이외에도 다양한 직무에서 요구하는 사항을 잘 파악해야 합니다. 실제 채용 공고를 통해 직무 설명을 검토하고 회사에 대해 조사하여 회사가 무엇을 원하는지 면밀히 살펴보아야 합니다.